JEAN LE TOQUÉ

VAUDEVILLE EN DEUX ACTES

DE

M. THÉODORE COGNIARD

REPRÉSENTÉ POUR LA PREMIÈRE FOIS, A PARIS, SUR LE THÉATRE
DES VARIÉTÉS, LE 18 AVRIL 1857.

Prix : 1 Franc

PARIS

CHARLIEU, ÉDITEUR

12, BOULEVARD SAINT-MARTIN

1857

Éditeur de la Société des Gens de Lettres.

JEAN LE TOQUÉ

VAUDEVILLE EN DEUX ACTES

DE

M. THÉODORE COGNIARD

REPRÉSENTÉ POUR LA PREMIÈRE FOIS, A PARIS, SUR LE THÉATRE
DES VARIÉTÉS, LE 18 AVRIL 1857.

— · — ∞ · — —

PARIS

CHARLIEU, ÉDITEUR

12, BOULEVARD SAINT-MARTIN

1857

Éditeur de la Société des Gens de Lettres.

PERSONNAGES.

JEAN..	MM. BOUFFÉ.
TOBIAS, fermier, son père.....	ALEXANDRE MICHEL.
LAROUGEOLE, garçon de ferme..........	LASSAGNE.
GERVAIS, vigneron....................	F. HEUZEY.
FARINAS, directeur d'une troupe ambulante.	CHRISTIAN.
Me THOMASSIN, notaire de campagne.....	CHARIER.
BRUYÈRE, gardeuse de chèvres..........	Mlles SCRIVANECK.
LOUISETTE, fille de Gervais.............	SCHNEIDER.

Parents et amis de Tobias et de Gervais.

La scène se passe dans un village des Pyrénées.

Toutes les indications sont prises de la gauche et de la droite du spectateur. — Les personnages sont inscrits en tête des scènes dans l'ordre qu'ils occupent au théâtre. — Les changements de position sont indiqués par des renvois au bas des pages.

OBSERVATION DE L'AUTEUR :

Le rôle de Jean appartient plutôt à l'emploi de premier amoureux qu'à celui des premiers comiques.

Paris. — Typ. Morris et Comp., rue Amelot. 64.

JEAN LE TOQUÉ

ACTE I.

L'entrée de la ferme de Tobias. — Grand hangar couvert. — Portes à droite et à gauche, au troisième plan. — Au premier plan, à droite, grande cheminée. — Au premier plan, à gauche, un buffet. — Du même côté, sur le devant, une table servie, avec quatre couverts. — Chaises rustiques. — Au fond, un torrent qui se précipite entre deux rochers. — Un petit pont de bois est jeté sur le torrent. .

SCÈNE PREMIÈRE.

TOBIAS, GERVAIS, LOUISETTE; puis JEAN. Au lever du rideau, Tobias, Gervais et Louisette, sont à table et déjeunent.

GERVAIS.

A ta santé, Tobias!

TOBIAS.

A la tienne, Gervais! (Ils boivent.)

LOUISETTE.

C'est égal, nous aurions dû attendre le retour de M. Jean, pour nous mettre à table.

TOBIAS.

Allons donc!... Est-ce que les pères doivent attendre les en-fants?... ça serait le monde renversé.

GERVAIS.

Oùs qu'il peut donc s'être fourré, ton fils?

TOBIAS.

Ne m'en parle pas... depuis quelque temps, il a des fureurs de chasse, qu'il n'en dort pas!... C'est un passe-temps de grand seigneur que je ne devrais peut-être pas souffrir... mais, tu le sais, Jean n'a pas été élevé tout à fait comme un paysan... l'instituteur du canton, qui était un homme de grand savoir, l'avait pris en amitié; le garçon en a profité et il m'est d'un bon secours dans la ferme... pour mes écritures, d'abord... et puis, c'est qu'il entend l'agriculture autrement que nous, vois-tu...

GERVAIS.

Ah! dame, nous ne sommes que des cultivateurs, nous autres.

TOBIAS.

Tandis que lui est agronome, comme on dit maintenant... nous sommes les bras, il est la tête.

JEAN, du dehors.

On m'attend?... c'est bien... j'y vais...

LOUISETTE.

Ah! je l'entends! (Jean entre par le fond à droite, avec un fusil.)

GERVAIS.

Oui, le voici!... arrive donc, traînard!

JEAN.

Pardon, mon père... pardon, M. Gervais... que je suis donc fâché de vous avoir fait attendre!.. (Regardant la table.) Tiens, non... vous ne m'avez pas attendu... vous avez ben fait.. (A part.) Je ne l'ai pas rencontrée sur la montagne... où peut-elle être?..

TOBIAS.

Tu savais pourtant bien que Gervais déjeunait à la ferme avec Louisette. Allons, assieds-toi.

JEAN, venant s'asseoir à la table, après avoir déposé son fusil à droite.

Ne m'en parlez pas!.. c'est un gredin de lièvre qui est cause de tout ça... (A Louisette.) Bonjour, mam'selle Louisette, ça va bien?.. (Reprenant son récit.) On me l'avait signalé du côté des luzernes... j'y vas et je l'aperçois qui se débarbouillait au soleil... (A Gervais, qui le sert.) Merci, M. Gervais, avec un peu de sauce... (Reprenant.) Je fais un pas en avant... il fait un pas en arrière... je m'arrête... il me regarde... je me glisse le long des genêts... il file à travers les terres labourées, et il me conduit comme ça, en gardant sournoisement la même distance, jusqu'à la ferme du grand moulin... et puis, arrivé là, prrrrt!... plus de gibier!.. Je vous donne ce lièvre-là pour un fier lapin... (S'essuyant le front.) Ouf!.. il fait chaud...

GERVAIS.

Eh ben! verse-moi de ce joli petit vin-là qui pétille d'impatience... ça te donnera l'occasion de t'en offrir aussi.

Tobias, Gervais, Louisette, Jean.

JEAN, prenant la bouteille.

Volontiers, monsieur Gervais... comment donc... à vos ordres... (Il verse dans la salière.)

GERVAIS.

Allons, bon! v'là qu'il verse dans la salière à présent! (Louisette rit très-fort.)

JEAN.

Tiens, c'est pourtant vrai...

TOBIAS.

Que diable!.. fais donc attention!.. quel étourneau tu fais depuis quéque temps!

LOUISETTE.

Voyons, père Tobias, faut pas vous fâcher pour ça... tout le monde peut se tromper.

JEAN.

Oui, n'est-ce pas?.. merci, Louisette... ils ont la fureur de faire des salières qui ressemblent à des gobelets... de sorte qu'on ne sait pas... c'est que c'est vrai... ça se ressemble beaucoup...

TOBIAS.

C'est que maintenant, garçon, tu fais tout de travers.... (A Gervais.) Il a des lubies, que c'est déplorable, quoi!..

GERVAIS, finement.

Eh ben! Tu ne devines pas pourquoi?

TOBIAS.

P't-être ben que si... et toi, Louisette?

LOUISETTE.

Moi?.. je ne devine jamais rien, père Tobias.

GERVAIS.

Ça, c'est vrai qu'elle est étonnante pour ça, ma fille!

TOBIAS.

Eh ben!.. (Montrant Jean, qui regarde avec inquiétude vers le fond.) Enfin de compte, quand un garçon de vingt-cinq ans regarde voler les papillons, quand il ne mange plus et qu'il ne boit pas davantage, quand il prend des salières pour des gobelets... ça prouve...

JEAN.

Eh ben! père, qu'est-ce que ça prouve?

GERVAIS.

Pardine, il n'y a qu' l'amour qui fasse faire de ces bêtises-là... quoi!

JEAN, très-embarrassé.

L'amour?..

LOUISETTE.

L'amour...

TOBIAS, à Gervais, en riant.

As-tu vu les deux commotions?

GERVAIS, de même.

Je crois que j'ai fait coup double... pas vrai?

JEAN, avec embarras.

Oh! quant à ça, je peux ben vous assurer... qu'en fait de choses d'amourettes... Oh! oui, par exemple...

TOBIAS.

Allons, allons, faut pas l'effaroucher, garçon.

GERVAIS.

C'est de ton âge...

JEAN.

Non, mais c'est pour vous dire que mon cœur est à cent lieues de songer... qu'est-ce que je dis, cent lieues!... bien plus loin encore!

TOBIAS.

Et tu as raison; quand il s'agira de ça... je saurai mieux que toi ce qui te convient.

GERVAIS.

Il saura ce qui te convient... lui, vois-tu?

JEAN.

Permettez!.. père, sans vous offenser...

TOBIAS.

Dans la famille des Tobias, le père choisit l'épouse, et quand ce choix est fait, le fils n'a plus qu'à obéir.

JEAN.

Permettez!... père, sans vous offenser...

TOBIAS.

Est-ce que mon père m'a demandé si j'aimais Ursule Mathieu, quand il a jugé à propos de me marier? Point du tout. « — Pierre, qu'il me dit un matin, comment trouves-tu Ursule » Mathieu? — Bien, si vous la trouvez bien, mon père, que » j'ai répondu. — J'ai arrangé que tu l'épouserais, qu'il a » ajouté. — Ça suffit, que j'ai ajouté à mon tour, qu'il soit » fait selon votre volonté. » — Et je suis devenu le mari d'Ur- sule Mathieu. Vous croyez peut-être que j'en étais fou? Pas le moins du monde... ça n'a pas empêché qu'Ursule m'a rendu le

plus heureux des maris... parce que le père connaissait bien
d'avance toutes ses bonnes qualités. Eh bien! ce que mon père
a fait je le ferai... ce que j'ai fait comme fils, Jean, tu le
feras.

JEAN, intimidé, se levant de table.

Je ne dis pas... certainement... parce qu'enfin... j'ignore
encore...

TOBIAS, se levant de table.

En v'là assez là-dessus!.. (A Gervais.) Allons, Gervais... laissons
ces deux jeunes gens ensemble... nous avons à causer entre
nous...

GERVAIS, se levant ainsi que Louisette.

Oui... et de leur côté, ils ne seront p't'être pas fâchés de jabotter entre eusse. (Bas à Tobias.) Comment que tu trouves ma
Louisette?... c'est un joli brin de fille?... pas vrai?

TOBIAS, bas.

Eh ben! et Jean? comme c'est tourné!... hein?... (Haut.) Allons, tout en nous promenant, chez monsieur Thomassin, le
notaire, régler les articles du contrat.

JEAN, qui écoutait, à part.

Du contrat! (Avec effroi.) Oh! mon Dieu!...

LOUISETTE, à part avec joie.

Du contrat!

TOBIAS.

Adieu, Louisette.

GERVAIS, allant donner la main à Jean. *

Au revoir, Jean.

ENSEMBLE.

AIR : *Allons partons pour la Californie.*

JEAN.

J'ai tout compris, non, ce n'est point un rêve.
Ils ont parlé de contrat, ô douleur!
Tout mon espoir, ce seul mot me l'enlève;
Comment, hélas! éviter mon malheur?

TOBIAS *et* GERVAIS.

Allons, allons terminer ce beau rêve,
Ce doux projet qui sourit à mon cœur.
Avant ce soir que le contrat s'achève,
De nos enfants assurons le bonheur.

* Tobias, Louisette, Gervais, Jean.

LOUISETTE.

En ce moment, pour mon cœur est-ce un rêve?
Ils vont, je crois, préparer mon bonheur,
Et cependant j'ai peur qu'il ne s'achève,
(Regardant Jean.)
Car ses regards expriment la froideur.

(Tobias et Gervais sortent par le fond à droite. — Jean remonte et redescend à gauche.)

SCÈNE II.

JEAN, LOUISETTE.

JEAN, à part.

Comment! ils nous laissent seuls? Au fait, je n'en suis pas fâché... j' vas lui parler franchement et à cœur ouvert.

LOUISETTE, à part.

Il va se prononcer!...

JEAN.

Louisette, savez-vous ce qu'ils ont voulu dire en se parlant tout bas, votre père et le mien?

LOUISETTE.

J'en ignore... mais je crois qu'ils ont parlé de contrat.

JEAN.

De contrat?... mais alors, c'est donc qu'il s'agit d'épousailles?

LOUISETTE.

Dame, peut-être ben, monsieur Jean.

JEAN.

Tenez, Louisette, écoutez-moi... Vous n'êtes ni finaude, ni malicieuse... mais vous êtes une bonne fille...

LOUISETTE.

Vous êtes ben bon aussi.

JEAN.

Ajoutez que vous êtes avenante et choyée par tous les garçons du pays.

LOUISETTE.

Vous êtes tout d' même ben aimable de me dire tout ça.

JEAN.

Enfin, vous ne manquerez jamais de prétendus pour la chose de vous établir... et vous trouverez mieux que moi bien facile-

ment... (Louisette veut parler.) Oh! écoutez-moi jusqu'au bout, Louisette!... vous avez entendu le père, là, tout à l'heure : « L'enfant
» n'a plus qu'à obéir, quand on lui dit : c'est celle-là qu'il faut
» choisir... c'est celle-là qui doit être ta femme. » Comme si le
cœur pouvait battre à la volonté des parents... Oh! non!... il
faut qu'il soit libre le cœur! Voyons, Louisette, est-ce que vous
ne trouvez pas que c'est de la violence?...Est-ce qu'on a le droit
de décider comme ça de notre sort... de tout notre avenir enfin,
sans nous consulter?

LOUISETTE.

Vous avez peut-être raison... moi, je n'avais pas songé à tout
ça... et c'est vrai qu'on aurait pu nous demander un tantinet
notre avis.

JEAN.

Après ça, Louisette, si ça n'était pas à votre convenance, je
trouverais tout naturel que vous résistiez... et maintenant, si on
vous propose d'être ma femme, vous voilà à votre aise pour
refuser.

LOUISETTE.

Vous refuser?... Oh! par exemple!... Ça ne serait pas poli de
ma part... et j'en suis incapable... car enfin, j'ai de l'attache-
ment pour vous, moi!...

AIR : Ses yeux disaient tout le contraire.

C' n'est pas ma faute, et j' n'y peux rien ;
D'ailleurs ça n' doit pas vous surprendre.
De vous j' n'entends dire que du bien,
C'est à vous qu'il faut vous en prendre.
On cit' votr' bonté, votr' douceur...
Enfin, à dix lieu's à la ronde,
Tout l' mond' vous aim' du fond du cœur,   } bis.
Et moi j'ai fait comm' tout le monde.

JEAN.

Ma bonté!... ma douceur!...Eh ben! v'là ce qui vous trompe,
Louisette... faut pas toujours se fier à l'apparence... Souvent
on dit d'un homme : v'là un brave garçon, qu'a toutes les ver-
tus... qui rendra une femme bien heureuse... la douceur, la
bonté en personne... un véritable agneau... et qui est incapable... Et puis, en définitive, quand on va au fond de tout
ça, on trouve un être sans la moindre qualité... un bourru, un
brutal, qui ne vaut pas grand'chose... Ma bonté!... mais qui
est-ce qui a donc pu vous en parler?

1.

LOUISETTE.

Oh! pour ça, j'en ai des preuves.

JEAN.

Des preuves de ma bonté?

LOUISETTE.

Oui... l'autre jour, je vous ai bien vu avec Bruyère, la gardeuse de chèvres.

JEAN, troublé.

Avec Bruyère?... Comment?... Que voulez-vous dire par là?...

LOUISETTE.

La pauvre fille, quand elle s'en va tous les matins avec son troupeau, on ne lui donne pas grand'chose... un morceau de pain noir, et puis c'est tout. Mais, vous, qu'êtes compatissant, vous remplacez le pain noir par un beau morceau de pain blanc, et vous avez toujours soin qu'il y ait quelque chose avec.

JEAN, embarrassé.

On vous a fait des menteries, Louisette... Quant à moi... je ne me rappelle pas... et puis, après tout... quand ça serait... ça ne vaut pas la peine...

LOUISETTE.

C'est comme ce que vous avez fait pour ce pauvre Larougeole, que vot' père avait chassé et qui s'était jeté à l'eau par désespoir... C'est-y pas vous qui l'avez repêché?... et que vous avez obtenu sa grâce... et tant d'autres choses... Et vous me dites que je dois résister à papa, quand il viendra me demander si je vous veux pour mari... Mais je passerais pour une mijaurée, pour une vaniteuse, tandis que je ne peux qu'être glorieuse de votre recherche.

JEAN, à part.

Elle n'a pas saisi mon idée... je ne peux pourtant pas lui dire brutalement que je n'ai point d'amour pour elle! (Haut, avec dépit.) A votre aise, Louisette! Il était de mon devoir de vous faire comprendre que ce mariage-là ne devait pas vous procurer tout le bonheur que vous méritez, que vous vous abusez beaucoup sur ce que je vaux, et qu'enfin, malgré toute l'amitié et toute l'estime que j'ai pour votre personne, ça ne suffit pas... et qu'il faut encore... enfin, vous devez me savoir gré de ne pas lâcher le mot... (Mouvement de Louisette.) Adieu, Louisette... vous êtes une bonne fille... eh ben!... je vous laisse songer à tout cela.

AIR *de Victorine.*

J' vous ai parlé du fin fond de mon âme :
Réfléchissez et suivez mes avis.

Si vous r'fusez de devenir ma femme,
Nous n' s'rons pas moins, mams'ell', de bons amis.

LOUISETTE.

Mais cependant...

JEAN.

Attendre est le plus sage :
Moi, j' vous dis ça, sans faire de beaux discours.

LOUISETTE.

Mais, monsieur Jean...

JEAN.

Louisett', le mariage
Est un' lot'rie où l'on n' gagn' pas toujours.

ENSEMBLE, REPRISE.

JEAN.

J'vous ai parlé du fin fond de mon âme, etc.

LOUISETTE.

Il m'a parlé du fin fond de son âme ;
Mais c'est en vain, car je n'ai rien compris ;
Moi, refuser de devenir sa femme !
Je ne suis pas du tout de son avis.

(*Jean sort par le fond à gauche.*)

SCÈNE III.

LOUISETTE, puis LAROUGEOLE.

LOUISETTE, seule.

Une loterie où qu'on ne gagne pas toujours... Quoi qu'il
veut dire par là ?

LAROUGEOLE *, entrant par le fond à gauche, à la cantonnade.

Oui, m'sieu Jean... ain-médiatement... Mon Dieu, ne vous en-
levez pas... (A part, en venant en scène.) C'est un crin !... c'est un
crin !... (Haut, en apercevant Louisette, et la saluant.) Tiens, c'est mamzelle Louisette ! — Bonjour, mamzelle Louisette.

LOUISETTE.

Bonjour, Larougeole.

LAROUGEOLE.

Pourriez-vous me dire ce qu'a not' jeune maître à ce matin...
finalement ?... Lui, d'ordinaire, qu'est doux comme un agneau

* Louisette, Larougeole.

en sevrage, il est ce jourd'hui tout chatouilleux, tout raidillon, quoi!... à tel point, qu'il s'en prend à toutes les bêtes de la basse-cour et à moi le premier, finalement...

LOUISETTE.

Non, je ne sais pas ce qu'il a...

LAROUGEOLE.

Il aura marché sur du chiendent en se levant, voyez-vous. Règle générale, si vous marchez sur du chiendent en vous levant, il y aura du vent.

LOUISETTE, naïvement.

Du vent?...

LAROUGEOLE.

Pas mal de vent... Ça ne trompe jamais... c'est comme pour les chandelles des pissenlits quand on est sur le point de se marier, c'est la même chose.

LOUISETTE.

Ah! oui... on m'a parlé de ça.

LAROUGEOLE.

Si vous n'éteignez pas la chandelle d'un seul coup, d'une seule poussée, comme ça... (il souffle très-fort) s'il reste seulement le moindre duvet au champignon : — mariage manqué...

LOUISETTE.

Et ça est arrivé à quelqu'un?...

LAROUGEOLE.

Ça est arrivé à Tiennette... pas plus tard qu'y a six semaines.

LOUISETTE.

C'est vrai que son mariage a manqué, tout de même.

LAROUGEOLE.

Moi, à ce matin, j'ai essayé pour mon propre compte, et j'en ai éteint douze de chandelles... et toujours d'un seul coup.

LOUISETTE.

Tu as donc quelqu'un en vue pour le mariage, toi, Larou-geole?

LAROUGEOLE.

Ah! oui... fameusement en vue, allez!... et depuis long-temps .. que quand on m'avait chassé de la ferme... c'est l'idée de n' pus la voir qui m'avait poussé à l'eau, finalement; car j'aimais mieux boire au delà de mes moyens que d'être obligé de quitter les endroits qu'alle respire.

LOUISETTE.

Ce pauvre Larougeole... c'est ça qui s'appelle aimer.

LAROUGEOLE.

N'est-ce pas que c'est ça qui s'appelle aimer?... et sans rien dire encore... D'puis que je l'aime... j'ai pas l'air... j'amasse un boursicot sans avoir l'air, pour être un peu cossu... que j'ai déjà plus de douze écus... Avec de la monnaie... de la petite monnaie...

LOUISETTE.

Et celle que tu aimes ?

LAROUGEOLE.

Faut pas le dire; mais personne n'en saura rien... (Avec mystère.) Ne le dites pas.

LOUISETTE , passant à droite.[*]

Tu peux être sûr que si tu ne me dis pas qui c'est, je n'en parlerai à personne, d'abord.

LAROUGEOLE.

Eh bien! finalement, je vas le déposer dans vot'sein... mais c'est vous seule qu'aurez mon mystère... et après vous, personne; pas même elle!... pas même elle !

LOUISETTE.

Comment!... elle ne sait point elle-même que tu as de l'amour pour elle?

LAROUGEOLE.

Elle en ignore tout à fait... Et... tout bien réfléchi, j'aime mieux ne pas vous le dire non plus. (Il se met à ôter le couvert, et dépose le tout sur le buffet.)

LOUISETTE.

A ton aise, Larougeole!

LAROUGEOLE.

Parbleu!... je crois bien... Et puis faut que j'ôte le couvert... que je range la table... Tenez, mam'zelle Louisette, quand j'aurai *finite* mon ouvrage... p'têt' ben que j' vous dirai son nom... mais jusque-là... gardez-moi le secret, je vous en prie.

LOUISETTE.

J'serais ben embarrassée si j'étais bavarde... (A part) J'ai envie de faire l'épreuve des chandelles. Il y en a un tas derrière la ferme... (Haut, à Larougeole.) Si le père me demande, Larougeole, tu lui diras que je suis du côté de la pelouse.

LAROUGEOLE, qui défait toujours le couvert.

Je n'y manquerai pas. (Louisette sort par le fond à droite.)

SCÈNE IV.

LAROUGEOLE, seul.

J'ai envie d' l'y dire et j'ai pas envie d' l'y dire... Il me faut

* Larougeole, Louisette.

mes trente écus... ça... quand j'aurai mes trente écus, pus d' mystère... Bruyère saura tout la première. Et puis, finalement, c'est elle qu'a le droit d'être informée en tête... mais, en parlant à mam'zelle Louisette... j'avais ben aussi mon idée. Quand on se marie, on fait des petits présents... et maintenant si alle me donne quéqu' chose... j' suis sûr qu'elle pensera aux écus... Avec mon calcul... les douze que j'ai, c' qu'on peut m' donner et c' que j' gagne, j' peux avoir mes trente écus d'ici à trois ans, trois ans... et demi. D'après c' que j'ai entendu, je suis plus que certain qu'y se mitonne ici une épousaille... Dieu! si ça me valait de bonnes étrennes! (Ritournelle de l'air suivant. — Allant regarder au fond.) Mais je ne me trompe pas... c'est elle qu'approche... Je suis sûr que je deviens tout rouge ou tout blanc, coquelicot ou navet... j'ai besoin de m'asseoir. (Il s'assied.)

SCÈNE V.

LAROUGEOLE, BRUYÈRE.

(On voit Bruyère passer au fond sur le petit pont, de gauche à droite. — Elle a les pieds nus : ses vêtements sont misérables, une chemise et une petite jupe de toile grise forment tout son costume ; sur la tête une capuche ou capulet des Pyrénées.)

AIR *de la Fumée, de Clapisson.*

BRUYÈRE, *sur le pont.*

Mes chèvres légères,
Broutez en bêlant
Les tendres fougères,
Et le trèfle blanc ;
Et que vos sonnettes
Au bruit argentin,
    Tin, tin,
A mes chansonnettes
Mêlent leur drelin.
    Tin, tin.
Ah! ah! ah! ah! oh! etc.

LAROUGEOLE, se levant.

Comme elle chante agriablement!... Il n'y a ni fauvette ni rossignol pour la dégoter!... Elle enfonce même les merles!... La v'là! n'ayons pas l'air...

BRUYÈRE, paraissant à l'entrée du hangar.

Tiens, c'est toi, Larougeole!...

LAROUGEOLE, embarrassé.

Oui, c'est moi... et toi?...

BRUYÈRE.

Tu es tout seul?

LAROUGEOLE, riant d'un air bête.

Oui... nous sommes tout seuls... et je trouve qu'on est bien quand on est tout seul à deux... Et toi?...

BRUYÈRE.

Que t'es bête!

LAROUGEOLE, à part.

Est-elle aimable!... est-elle aimable!...

BRUYÈRE, qui regarde de droite et de gauche.

Alors, tu n'as pas vu not' jeune maître?

LAROUGEOLE.

Monsieur Jean?... Si fait, s'il vous plaît.

BRUYÈRE, vivement.

Ah! (Se remettant.) Il est à la ferme?

LAROUGEOLE.

S'il ne s'a point en allé... y doit y être encore.

BRUYÈRE.

Il ne va pas à la ville aujourd'hui?

LAROUGEOLE.

Oh! non... Il y a gros à parier qu'il n'ira point aujourd'hui... Il y a du monde!... beaucoup de monde à souper... D'abord et de deux, madem'selle Louisette avec son père Gervais, qu'a une robe neuve... et puis deux cousins et trois cousines à m'sieur Gervais... avec un demi-quarteron d'autres convives... à ce qu'on m'a dit... même que le notaire y sera aussi, à ce qu'on m'a dit...

BRUYÈRE, étonnée et entrant peu à peu.

Ah!... et sais-tu pourquoi?...

LAROUGEOLE.

Mais assis-toi donc une minute. (Il la regarde avec bonheur.)

BRUYÈRE, s'asseyant.

Tu es bien bon... Qu'est-ce que t'as donc à me regarder comme ça, Larougeole?

LAROUGEOLE.

Lame!... écoute donc... je ne te vois pas de reste, moi... T'es toujours dans la montagne avec tes chèvres... tandis que ma

place est à l'écurie ou à la basse-cour... J'y passe tous mes loi-
sirs... avec les canards et avec les dindons. Finalement...

BRUYÈRE.

C'est égal... tu dois te trouver bien heureux ?... à c't'heure !

LAROUGEOLE.

Pourquoi donc que je me trouverais si heureux que ça?

BRUYÈRE.

Dam ! parce que t'es rentré en place, et tu as prouvé que tu
y tenais joliment, à ta place, mon pauvre Larougeole.

LAROUGEOLE.

Ah! oui, parce que je m'avais laissé couler à l'eau quand on
m'a renvoyé, pas vrai?   .

BRUYÈRE.

Tu voulais donc te noyer?

LAROUGEOLE.

Oui... je voulais me submerger... mais pas à cause de c'qu'on
croit.

BRUYÈRE.

A cause de quoi, alors?

LAROUGEOLE.

A cause que... C'est mon mystère.

BRUYÈRE, avec tristesse et comme se parlant à elle-même.

Si tu t'étais jeté un peu plus bas, dans le torrent, tu n'en serais jamais revenu?

LAROUGEOLE.

Dans le torrent!... où qu'il y a le saut du diable, le trou aux
anguilles?... Merci bien!... j'ai jamais pu souffrir les anguilles.

BRUYÈRE.

Tu n'avais pas grande envie de te faire périr... va!

LAROUGEOLE.

Ça, entre nous... j'avoue que, quand notre jeune maître m'a
repêché, j'étais pas fâché... L'eau de la rivière était jaune...
c'était tiède... c'était mauvais... Et puis, j'en buvais trop.

BRUYÈRE, avec émotion.

Monsieur Jean s'est pas inquiété de la couleur de l'eau pour
te sauver, lui !

LAROUGEOLE.

Non !... Il ne déteste pas ce goût-là !

BRUYÈRE.

Il a bien manqué d'y périr avec toi!

LAROUGEOLE.

Oui... parce que je m'avais cramponné à une de ses jambes ..
Sapristi !... je le tenais bien !... et il paraît que ça le gênait...

BRUYÈRE.

Et tu disais qu'il y avait grande société à la ferme aujour-
d'hui ?

LAROUGEOLE.

Oh! pas encore... mais tantôt; même qu'on m'a dit de tordre le cou à six poulets, à six canards... et à Christophe...

BRUYÈRE, se levant.

Hein?...

LAROUGEOLE.

Tu sais bien... Christophe, mon plus beau dindon... (Avec at-
tendrissement.) Ce pauvre Christophe!... (D'un air dégagé.) J'vas lui
tordre le cou... bah ! ..

BRUYÈRE.

Fi! le sans cœur!

LAROUGEOLE.

Sans cœur!... moi! un sans cœur!... J'en ai de *trope*! au contraire, pour mon infortune!... Oh! oui de *trope*, hélas!

BRUYÈRE.

Mais tu ne me dis pas toujours pourquoi on a invité tout ce
monde, et pourquoi encore le notaire doit être à ce dîner.

LAROUEGOLE.

Je ne t'ai pas dit... (Jean paraît au fond, venant de la gauche.) Mais c'est
une chose connue de tout un chacun à la ferme... Et puis d'ailleurs *drés* qu'on invite un notaire et qu'on se réunit en famille,
ça veut dire finalement...

SCÈNE VI.

Les Mêmes, JEAN.

JEAN, entrant. *

Ça veut dire que tu n'es qu'un bavard et qu'un paresseux.

BRUYÈRE, à part.

Lui!

LAROUGEOLE, à part.

Le jeune maître!

* Larougeole, Jean, Bruyère.

JEAN.

Tu ferais mieux d'aller donner de la graine aux poules qui ont faim, de l'eau aux canards qui ont soif, d'enlever la litière des vaches et d'étrier notre mulet, qui n'a pas de foin.

LA ROUGEOLE, à part.

Il est encore de mauvaise humeur. Diable de chiendent, va!... a-t-il marché dessus!... (Haut.) Pardon, sans vous démentir, j'étais venu pour ôter la table.

JEAN.

C'est bon... va-t'en! (Il remonte vers la gauche.)

LAROUGEOLE. *

Je m'en y vas... fâchez pas... not' jeune maître. Je m'en y vas. (A Bruyère avant de sortir.) Ah! Bruyère!... encore trois ans et vous voirez!...

JEAN.

Eh bien! ce n'est pas fini?

LAROUGEOLE.

Fâchez pas... j'men y vas. (Il sort par le fond à gauche.)

SCÈNE VII.

BRUYÈRE, JEAN. Bruyère est toute pensive, elle semble ne pas oser regarder Jean. Jean, de son côté, ne sait comment entamer la conversation.

JEAN.

Qu'as-tu donc, Bruyère?

BRUYÈRE.

Moi?... rien.

JEAN.

Pourquoi alors que tu baisses la tête, et que t'as l'air de ne point oser me regarder?

BRUYÈRE.

C'est vrai que je n'ose pas te regarder.

JEAN.

Et la raison?

BRUYÈRE.

Parce qu'on dit qu'y a un tas de monde à la ferme aujourd'hui... qu'on parle d'un grand repas... avec beaucoup de parents.

JEAN.

Et t'oses pas m'interroger là-dessus?

* Jean, Larougeole, Bruyère.

BRUYÈRE.

De vrai, Jean... j'ose pas... Je me sens trembler, sans savoir pourquoi je tremble... on dit que c'est toujours comme ça quand un malheur doit arriver... Et puis, je me demande : pourquoi donc tout ce monde?... Et monsieur le notaire?... Qu'est-ce qu'il vient faire ici?

JEAN.

Ah! tu sais aussi que le notaire?...

BRUYÈRE.

Comme t'as l'air triste, Jean!... Est-ce que t'as de la souf-france?

JEAN.

Oui!...

BRUYÈRE.

Ah! j'ai donc raison d'être tremblante!.. Jean! tu ne m'as pas trompée, n'est-ce pas, lorsque là-bas, sur la montagne, tu m'as dit que tu m'aimerais toujours?

JEAN.

Je ne t'ai point trompée, je t'aime toujours.

BRUYÈRE.

Oh! tu me l'as bien prouvé déjà... moi, pauvre gardeuse de chèvres à qui t'as appris à lire dans les livres, et à écrire ce que je lisais... et plus encore, tu m'as appris que j'avais un cœur. (Elle lui prend la main.) Tu te souviens de ce jour où, nous tenant comme ça par la main, nous sommes allés nous mettre à genoux devant la croix de bois du chemin...

JEAN.

Oui, ce jour-là je ne l'ai point oublié.

BRUYÈRE.

Ne pleure point, Bruyère, que tu me disais, tu t'es abandon-née à m'aimer, mais ne pleure point... En attendant que tu sois ma femme devant tout le monde...

JEAN.

Tu es ma promise devant Dieu! j'ai dit ça...

BRUYÈRE.

Et le bon Dieu a entendu ton serment...

JEAN.

Oui, car ce que je te disais ce jour-là, je l'ai dit du fin fond de mon cœur... c'est pour ça que le ciel nous viendra p't'être en aide aujourd'hui.

BRUYÈRE.

C'est donc qu'un malheur nous menace?

JEAN.

Oh! oui... un grand malheur!

BRUYÈRE, éplorée.

C'est que j'vais t' perdre alors, c'est qu'on veut nous séparer!

JEAN.

On veut me marier à Louisette.

BRUYÈRE, tombant assise près de la table.

Toi!... (Après un moment de silence.) Jean! qu'est-ce que je deviendrai, moi?... On veut te marier... Qui est-ce qui veut ça?

JEAN.

Mon père.

BRUYÈRE.

Ton père!... Et toi, que feras-tu?...

JEAN.

Je résisterai tant que je pourrai... Quand on me dira de dire oui... je dirai non!...

BRUYÈRE.

Et si on voulait te forcer?...

JEAN.

Alors, j'espère que le ciel me donnera du courage... Faudra bien le prier, Bruyère, pour qu'il me donne assez de courage pour résister à mon père.

BRUYÈRE.

Il est bien sévère... Il veut fortement ce qu'il veut...

JEAN.

Oui... faut se courber quand y commande... Mais, vois-tu... s'il peut me chasser d'ici, il ne peut pas me forcer à faire une chose que je ne dois point faire.

BRUYÈRE.

Que je suis heureuse que tu me parles ainsi!

JEAN.

Oui, ne perds pas l'espérance, pauvre fille... Tu n'es pour tous qu'un enfant de la misère; on te regarde en pitié; mais moi, je connais ton cœur, et je ne t'abandonnerai pas.

BRUYÈRE.

Ah! comme tu me fais du bien, comme je t'aime, Jean!

JEAN.

Moi aussi, je t'aime bien!... Et on nous ferait un crime de

notre amour!. . Est-ce ma faute si je te rencontrais si souvent dans la montagne, en allant veiller aux travaux?... Quand j'arrivais le premier et que je te voyais accourir à moi, aussi légère que tes chèvres, aussi joyeuse qu'un rayon de soleil, pouvais-je empêcher mon cœur de battre? Être ainsi toujours ensemble, c'est malgré soi que l'on s'aime!...

BRUYÈRE, se levant.

Mais si ton père savait comme tu m'aimes; peut-être bien qu'il ne te forcerait pas à épouser Louisette?

JEAN, effrayé.

Au contraire... Oh! s'il savait notre secret, nous serions perdus!... Je crois que j'aurai le courage de ne point me courber sous sa volonté; mais, si j'étais obligé de tout lui dire, je sens que ma force s'en irait... et c'est sur toi que tomberait sa colère!... et je ne veux pas te voir souffrir... je ne veux pas te voir malheureuse... Aussi, tiens, j'ai peur qu'on nous voie ensemble... j'ai peur qu'on nous écoute et qu'on apprenne ainsi la raison de mon refus... Va-t'en, j'irai te rejoindre.

BRUYÈRE.

Oui, t'as raison... je m'en vas... je m'en vas ben heureuse dans un sens... mais aussi ben triste en pensant à tout le chagrin que je te cause. (Elle pleure.)

JEAN.

J'entends venir... Ne pleure pas... Quitte-moi vite et essuie tes larmes... mais essuie donc tes larmes! (Il lui essuie ses larmes avec son mouchoir.) Là... sois gaie... tâche d'être gaie...

BRUYÈRE.

Oui. t'as raison... j'ai le cœur bien gros... mais je vas m'en aller en chantant comme tous les jours.

LAROUGEOLE, du hors.

Par ici, monsieur, par ici.

JEAN.

Voi à du monde... quittons-nous... A bientôt... sur la montagne!...

BRUYÈRE.

Adieu!... (Elle sort par le fond, à droite, Jean par la porte de droite. — Larougeole et Farinas entrent par le fond à gauche. — On voit Bruyère repasser sur le petit pont en redisant sa chanson d'entrée.)

BRUYÈRE, *sur le pont.*

Mes chèvres légères, etc.

(*Elle disparaît à gauche, à la fin du chant.*
(*Farinas s'est arrêté au fond pour l'entendre chanter.*

SCÈNE VIII.

LAROUGEOLE, FARINAS.

FARINAS. Costume excentrique d'artiste nomade.

Quelle est la fauvette qui gazouille de cette façon?

LAROUGEOLE.

N'est-ce pas qu'elle chante ben, monsieur?

FARINAS, regardant au loin.

Comment!... c'est cette petite rustique avec son cotillon de quatre sous?

LAROUGEOLE, avec admiration.

Elle-même... Bruyère, la gardeuse de chèvres. Nous chantons tous dans le village; moi, monsieur, je ne sais qu'un air et qu'une chanson. Mais enfin je les sais : c'est la complainte d'Antoine le berger... car il est bon que vous *saviez* qu'au bout de ce petit pont il y a le Saut du Diable... C'est un endroit du torrent oùs que *drès* qu'on y fonce, on n'en sort jamais... C'est très-curieux...

FARINAS.

J'irai visiter ça. Mais, dis-moi...

LAROUGEOLE, l'interrompant.

Pour lors, Antoine en voulant sauver une brebis, le pied lui a glissé, et patatras!.. il est allé la *rejoigner*, si ben qu'on a fait un chanson là-dessus. (Il chante.)

> Une histoire qu'on chante
> Le soir dans le *varger*,
> C'est l'histoire touchante,
> D'Antoine le *barger*...

(Il chante sans accompagnement, mais il est important que ce soit le même air, fait par M. Nargeot, et qui revient à la fin de l'acte avec accompagnement.)

FARINAS, riant.

Ah!... assez!... assez!...

LAROUGEOLE.

Il y a beaucoup de couplets là-dessus, monsieur...

FARINAS,

Celui-là me suffit... Tu chantes bien...

LAROUGEOLE.

Je chante agréablement.

FARINAS.

Mais j'aime mieux la voix de la petite.

LAROUGEOLE.

Cela ne m'étonne pas, vu qu'on dit qu'elle roucoule à l'instar des alouettes.

FARINAS.

Elle a des louis d'or dans le gosier... Voilà mon avis... et je m'y connais.

LAROUGEOLE.

Hein?... Allons donc!... Monsieur veut rire et badiner.

FARINAS.

Non pas.

LAROUGEOLE.

Est-ce qu'elle pourrait rossignoler comme *alle* fait si *alle* avait des louis d'or au fin fond du gosier? Allons donc!!!

FARINAS, qui a regardé autour de lui.

Et tu m'assures que c'est bien dans cette ferme qu'on s'apprête à allumer les flambeaux de l'hyménée?

LAROUGEOLE.

Je n'ai pas parlé de flambeaux, monsieur.

FARINAS.

Ne m'as-tu pas parlé de fiançailles?...

LAROUGEOLE.

Oui, monsieur, tout me fait croire et présupposer... Seriez-vous le cousin Godichet qu'on attend?

FARINAS, relevant sa cravate sur son menton et se coiffant de travers.

Je suis le célèbre Farinas, directeur privilégié d'une troupe ambulante, composée d'artistes du plus grand mérite!... En première ligne, Rosalba Farinas, mon épouse, grand premier rôle de drame, chantant les basses-tailles dans l'opéra; — ma fille aînée, soubrette et ténor léger; — ma cadette, baryton et première danseuse; — mon fils, âgé de onze ans, chef d'orchestre et souffleur; — et enfin ton serviteur, directeur, auteur, acteur, décorateur et contrôleur!...

LAROUGEOLE.

Vous êtes tout ça?... fichtre, monsieur!...

FARINAS.

Nous jouons la comédie, la tragédie, le drame, la pantomime arlequinade, mais spécialement le grand opéra!... — De passage dans ce village infime, j'apprends qu'un hymen se mitonne. Un mariage, c'est une fête... je suis de toutes les fêtes... et moyennant le gîte, le souper pour moi et ma troupe, et quelques écus... je ne dédaignerai pas de vous donner, ce soir, un échantillon de mon savoir-faire.

LAROUGEOLE.

Ça se pourrait? Ah! monsieur, donnez-vous donc la peine de vous asseoir, en attendant que tout soit décidé... car, voyez-vous, tout le monde flaire un mariage céans... mais finalement, le grand mot n'est point encore lâché. Asseyez-vous donc...

FARINAS.

Il suffit... Et puisque tu m'offres un cruchon de vin, je l'accepte.

LAROUGEOLE.

Si j'ai parlé de cruchon, je n'en ai pas souvenance, mais je ne m'en dédis pas; si vous voulez me suivre au cellier...

FARINAS.

Marche devant, je t'emboîte.

LAROUGEOLE, remontant.*

C'est ben de l'honneur... Tiens, justement, voici la fiancée qu'arrive... Faut pas avoir l'air, monsieur, mais c'est la fiancée.

FARINAS.

Je n'ai pas l'air. (Louisette entre par le fond à droite.)

SCÈNE IX.

Les Mêmes, LOUISETTE.

LAROUGEOLE, à Louisette.**

Mam'zelle, pardon, excuse, si je m'en y vas... Mais v'là un monsieur qui vient à votre intention et que je vas mener rafraichir finalement.

LOUISETTE.

A mon intention?

FARINAS, passant près de Louisette et la saluant avec prétention.***

Oui, fraîche demoiselle, et je vais, en attendant le moment opportun et solennel, boire avec ce balourd à votre mariage futur. (Il salue et s'éloigne en chantant.)

Ah! quel beau jour qu'un mariage
Quand les époux s'aiment entre eux!

(Il sort par la porte à gauche avec Larougeole, qui entonne à tue-tête le même refrain.)

* Farinas, Larougeole.
** Farinas, Larougeole, Louisette.
*** Larougeole, Farinas, Louisette.

SCÈNE X.

LOUISETTE, seule.

Mon mariage ! ah ! bien oui !... Je viens de la pelouse, et je n'ai pas pu éteindre une seule chandelle ! Après ça, c'est p't'êtr' pas bien sûr ce que m'a dit Larougeole.

AIR *de Fanchon les belles dents* (Clapisson).

> À c' qu'on dit je n' veux pas croire ;
> Faut-il donc tant de façon
> Pour attraper un garçon ?
> C'est un cont' que cette histoire,
> C' n'est pas en soufflant en l'air,
> Qu'on pince un mari, c'est clair !
>   C'est d' la tromperie,
>   Et moi je parie
> Qu'un mari s'attrape, oui-dà,
>   Quand on est gentille,
>   Franche et bonne fille ;
> Je n' veux plus trembler comme ça !
>   Non, non, non, non, non,
>   Je veux sourire,
>   Et puis, rire.
>   Ah ! ah ! ah ! ah !
>   Ah ! ah ! ah ! ah !
> Je veux rire, rire, rire
> Du bon rire que voilà,
>   Ah ! ah ! ah ! ah ! etc.

SCÈNE XI.

LOUISETTE, GERVAIS, TOBIAS. Tobias et Gervais se tiennent par la main et entrent par le fond à droite.

TOBIAS.

Tout est dit, mon brave Gervais, voilà comme j'aime à régler une affaire... notre parole vaut mieux que tous les griffonnages des notaires.

GERVAIS.

Si maître Thomassin t'entendait !

TOBIAS.

Maître Thomassin est en train de rédiger à sa manière, de façon à n'y rien comprendre, ce que nous avons dit fort clairement entre nous.... Maître Thomassin n'y perdra donc rien.. . Louisette, viens m'embrasser.

LOUISETTE*, courant l'embrasser.

De grand cœur, monsieur Tobias.

TOBIAS.

On vient d'apporter de la ville à ton intention une grande caisse dont voici la clé. (Il retire de sa poche une petite clé.)

LOUISETTE.

Une caisse pour moi ?

GERVAIS.

Allons... des bêtises... Je parie....

TOBIAS.

Des bêtises que Louisette trouvera très-spirituelles, j'en suis sûr. (A Louisette.) Est-ce que tu n'as pas grande envie d'aller voir ce qu'il y a dans cette caisse ?

LOUISETTE.

Oh ! que si, monsieur Tobias !

GERVAIS.

Voyez-vous ça, la petite curieuse!

TOBIAS, lui donnant la clé.

Eh bien!... vas-y voir, ma fille... tiens...

LOUISETTE, sautant de plaisir.

Oh! père Tobias, que vous êtes bon ! (Allant à son père.) Dites donc, père, c'est donc fini?

GERVAIS.

C'est comme si le notaire y avait passé.

LOUISETTE.

Quel bonheur ! (A part.) Est-il bête, ce Larougeole, avec ses chandelles ! (Haut.) Oh! votre clé me brûle les doigts, papa Tobias....

GERVAIS, à sa fille.

Allons, viens... je t'accompagne. (A part.) Faut que j'achète des gants blancs, moi aussi.

TOBIAS.

Allez-vous-en... mais revenez tout de suite, je vous attends ici.

Gervais, Louisette, Tobias.

GERVAIS.

C'est dit.

ENSEMBLE.

Air *de Lucrezia Borgia.*

LOUISETTE.

Oui, d'avance je me figure
Qu'il s'agit de jolis présents.
Pour moi c'est d'un heureux augure,
C'est du bonheur et pour longtemps.

GERVAIS *et* TOBIAS.

Vois donc sa gentille figure
S'animer d'un espoir charmant !
Ami, c'est d'un heureux augure
Pour le bonheur de mon enfant.

(*Gervais avec sa fille sort par le fond à droite.*)

SCÈNE XII.

TOBIAS, *puis* LAROUGEOLE.

TOBIAS.

Allons... à présent je puis apprendre à mon garçon la bonne conclusion de tout ceci... jamais mariage n'aura été mieux assorti de toutes manières. (Larougeole et Farinas paraissent au fond, venant de la gauche.)

LAROUGEOLE, indiquant à Farinas le sentier qui suit le pont.

Oui, monsieur, au bout de ce sentier... c'est là qu'est le Saut du Diable. (Il entre en scène. — Farinas s'éloigne par le pont.)

TOBIAS*, voyant Larougeole.

Ah ! c'est toi Larougeole.

LAROUGEOLE.

Oui, monsieur Tobias. (A part.) Il vient de me venir une fière idée... et si le bourgeois voulait m'avancer ce qui me manque...

TOBIAS.

Où est donc Jean ?

LAROUGEOLE.

M. Jean.... j'en ignore... Je peux-t'y adresser une demande à notre maître ?

* Tobias, Larougeole.

TOBIAS*, préoccupé et passant à droite.

Trouve-moi Jean tout de suite et amène-le-moi...

LAROUGEOLE.

Oui, monsieur Tobias... Ainsi, je peux m'hasarder à faire une demande à not' maître ?

TOBIAS, brusquement et passant à gauche.

De quoi parles-tu ?

LAROUGEOLE.**

Mon Dieu! ça peut arriver à tout le monde... mais moi, j'y suis... en plein... plus je la vois... et plus je le ressens... et si not' maître voulait m'aider un peu...

TOBIAS***, qui a repassé à droite.

Que me chantes-tu là, voyons ? ...

LAROUGEOLE.

Je ne chante point, bourgeois... je ne suis point en train de chanter.

TOBIAS, irrité.

Ah ça! tu sais que je n'aime pas beaucoup qu'on m'échauffe la bile?... Je te dis de m'aller chercher Jean... Est-ce entendu?

LAROUGEOLE, regardant au fond, à droite.

Très-bien... mais c'est pas nécessaire, not' maître.

TOBIAS, en colère.

Hein?...

LAROUGEOLE.

Puisque le v'là qui vient tout seul...

TOBIAS, passant à gauche.

Allons, c'est bien, laisse-nous jaser ensemble.

LAROUGEOLE.****

Je sors, bourgeois... (A part.) Faut croire que lui aussi aura marché sur du chiendent à ce matin. (Haut, à Jean, qui entre par le fond, à droite.) M'sieu Jean... vot' papa vous demande. (Il sort par le fond à gauche.)

SCÈNE XIII.

TOBIAS, JEAN.

TOBIAS, à Jean, qui entre en scène.

Enfin je te trouve ! j'ai vu le moment où cet imbécile allait

* Larougeole, Tobias.
** Tobias, Larougeole.
*** Larougeole, Tobias.
**** Tobias, Larougeole.

me mettre en colère... je ne veux pourtant pas être de mauvaise humeur aujourd'hui. (Il s'assied près de la table.)

JEAN, avec inquiétude.

C'est vrai que depuis ce matin, père, vous avez l'air tout guilleret.

TOBIAS.

Et ça t'intrigue, pas vrai?... Depuis hier tu me vois chuchoter avec Gervais, et tu dois te demander ce que nous avons de si mystérieux à nous raconter, n'est-ce pas?...

JEAN.

Oh! entre fermiers on a à jaser de bien des choses; vous faites journellement des affaires avec le père Gervais... Je parierais qu'il s'agit de vos foins?...

TOBIAS.

Cette fois, c'est d'une importante affaire qu'il s'agit, mais pas de celles qu'on traite tous les jours.

JEAN, à part.

Ce que je craignais!...

TOBIAS, se levant.

Tu vas avoir vingt-cinq ans, sais-tu, garçon? et je me suis dit que le moment était venu de trouver une femme à ta convenance et à la mienne.

JEAN, à part.

J'en étais sûr.

TOBIAS.

Et maintenant que tu m'as vu jabotter avec Gervais, je crois n'avoir pas besoin de te nommer celle que je t'ai choisie... je dis qu'on ne peut guère rencontrer un minois plus joli, ni une petite femme plus accorte que Louisette, n'est-ce pas, garçon?

JEAN.

Louisette?... certainement... père, certainement que le physique...

TOBIAS.

Et honnête!

JEAN.

Certainement que... quant à l'honnêteté... c'est comme le physique, il n'y a rien à dire... je le reconnais...

TOBIAS.

Gervais est un vieil ami, riche, estimé de tous les honnêtes gens. De ton côté, tu es un bon et brave garçon, tu es le fils de

Tobias, qu'on estime aussi, et qui ne regarde pas aux écus non plus... Tout est donc régulier, convenable en tout point.

JEAN, à part.

Et Bruyère?... et Bruyère?...

TOBIAS.

Ce mariage était le rêve de ta pauvre mère, car il y a bien longtemps que nous avons formé le projet de vous marier, Louisette et toi. Quand vous étiez tout petits, tout petits et que vous vous rouliez sur le gazon dans le grand pré à Gervais, nous nous disions souvent, en vous regardant : « Peut-être » bien qu'un jour, si le ciel le permet, quand ces deux chéru- » bins-là seront grands, on pourra voir dans le pays des épou- » sailles comme on n'en aura jamais vues... » La mère Gervais et ta mère, ces deux bonnes créatures du bon Dieu, se promet- taient de bien danser ce jour-là!... Dieu les a reprises toutes les deux... mais je n'ai point oublié que vous voir mari et femme, c'était là leur souhait le plus cher.

JEAN, à part.

Et pas un mot à lui répondre... que faire?

TOBIAS.

Qu'est-ce que t'as donc?

JEAN.

Je ne sais... mais cette idée de me marier... c'est une chose si sérieuse que le mariage... et puis je suis si gauche, si em- prunté...

TOBIAS.

Ce qui ne t'empêche pas pourtant d'en conter aux fillettes, enjôleur... (Il lui donne une petite tape en riant.)

JEAN, très-embarrassé.

Moi... père?...

TOBIAS.

Oh! j'ai de bons yeux!... je t'ai vu papillonner sur la mon- tagne, et si je me suis aperçu un peu tard de tes galanteries, c'est que justement je te croyais plus emprunté que tu ne l'es, mon gaillard.

JEAN, très-troublé.

Moi, des galanteries... sur la montagne...

TOBIAS.

Je suppose pourtant que Bruyère ne t'aura pas jeté un charme...

JEAN, à part.

Il sait tout.

TOBIAS.

Et que tu ne t'es pas affolé d'elle pour tout de bon... Ne parlons donc plus de ça... J'ai arrêté ton mariage, parce que c'est une chose avantageuse pour tous et qui doit assurer notre bonheur commun. Il ne s'agit donc pas de me répondre avec des si ou des mais...

JEAN, se montant tout à coup.

Vous avez raison, mon père... Il y a trop longtemps que je suis là... que je souffre... que ce secret m'étouffe... mieux vaut être franc tout de suite... la vérité tout entière... et après cela, à la grâce de Dieu!... Vous saurez donc...

TOBIAS, vivement.

Non, plus un mot!... car ce que tu veux me dire, je le devine! Tu veux me dire que tu aimes Bruyère.

JEAN.

C'est vrai... j'aime Bruyère...

TOBIAS.

Mais, l'aimes-tu donc plus que ton père?... l'aimes-tu plus que le souvenir de ta mère? Non, je n'entendrai pas une seule parole de plus...

JEAN, à part, allant tomber accablé sur une chaise à droite.

Oh! mon Dieu!... mon Dieu!...

TOBIAS.

Je ne veux pas croire que tu te sois conduit honteusement envers une pauvre fille... car jamais tu n'as pu penser que je te fiancerais à une gardeuse de chèvres. Allons donc! je ne suis pas fier, non certes, je ne suis qu'un fermier... le fils d'un paysan... mais il y a dans la vie des choses de convenance que tout un chacun doit respecter, et par-dessus tout cela il y a pour nous les dernières volontés de ta mère! (Jean tombe accablé sur une chaise.) Par ainsi, qu'on m'obéisse, et plus un mot làdessus!... (Ritournelle de l'air suivant. — Allant voir au fond.) On vient pour le contrat... (Revenant à Jean.) Voyons, sois raisonnable... obéis... rappelle-toi que j'ai donné ma parole à Gervais et que j' n'ai jamais manqué à ma parole. (Gervais, Louisette et les parents et amis entrent par le fond à droite, précédés de Larougeole.)

SCÈNE XIV.

Les Mêmes, GERVAIS, LOUISETTE, Me THOMASSIN, LAROUGEOLE, Parents, Amis, en habits de fête, puis BRUYÈRE.

CHOEUR.

Air *de Madame Roger Bontemps* (J. Nargeot).

Amis,
Dans ce logis,

Une fête
S'apprête.
Qu'ils soient époux heureux !
Faisons des vœux
Pour eux !

MAITRE THOMASSIN*, assis à la table et montrant ses papiers à Tobias.

L'acte est dressé en bonne et due forme... Il n'y manque plus que les signatures. (Jean s'est levé.)

TOBIAS.

C'est bien. (Il cause avec lui pendant qu'il étale ses papiers.)

GERVAIS, bas à Louisette.

Qu'a donc Jean, là-bas?

LOUISETTE, bas.

Je ne sais... s'il pouvait me regarder... il me trouverait bien, j'en suis sûre, avec cette belle robe et ce joli corsage.

GERVAIS, bas.

Autrement, il faudrait qu'il soye bien aveugle. (Louisette s'approche de Jean et lui fait une révérence. Jean, absorbé, ne la voit pas.)

THOMASSIN.

Je vais donner lecture aux fiancés des articles. (Il lit.) « Par devant Maître Thomassin et son collègue...

TOBIAS, l'interrompant et prenant une plume.

C'est inutile... tout est convenu, signons. (Il signe.) A toi Gervais. (Musique à l'orchestre.)

GERVAIS, prenant la plume.

De tout cœur... (Il signe.) Là... avec ma parataphe des dimanches... Vlan! à toi, Louisette. (Tobias a passé près de Jean.)

LOUISETTE**, qui a toujours regardé Jean.

Pas un regard... (A ce moment Bruyère paraît sur le petit pont.)

GERVAIS.

Eh ben, Louisette?

LOUISETTE, allant à la table et prenant la plume.

Voilà !... voilà, mon père. (Gervais passe à gauche.)

TOBIAS***, prenant la plume des mains de Louisette et allant la présenter à Jean.

A ton tour, Jean. (Bruyère disparaît du fond se dirigeant vers la ferme.)

* Larougeole (au deuxième plan), Tobias, Me Thomassin, Gervais, Louisette, Jean.

** Larougeole, Me Thomassin, Gervais, Louisette, Tobias, Jean.

*** Larougeole (au deuxième plan), Gervais, Me Thomassin, Louisette, Tobias, Jean.

JEAN. Il semble sortir d'un songe. — D'une voix étouffée à Tobias.

Mon père ! mon bon père... ne me forcez pas!... ayez pitié de moi... ayez pitié.... Tenez, voyez.... je tremble.... ma tête se perd.

TOBIAS, bas, — d'une voix ferme.

Allons, prends cette plume....

JEAN, de même, d'une voix suppliante.

Oh ! je ne peux pas signer, mon père... je ne peux pas!....
(Il laisse tomber la plume qu'il avait prise machinalement.)

GERVAIS.

Que se passe-t-il donc, Tobias?

TOBIAS, qui a ramassé la plume.

Rien...

GERVAIS.

Qu'a donc ton fils? hésiterait-il? (Louisette passe à droite, en observant Jean.)

TOBIAS.

Non... non... il n'hésite pas... il va signer. (Bas à Jean.) Tu vas signer à l'instant, ou je te chasse !... (Allant à la table et désignant à son fils la place où il doit signer.) Tiens... ici...

BRUYÈRE, accourant tout à coup, d'une voix forte et suppliante.**

Jean ! (Elle tombe à genoux devant lui.)

TOUS.

Bruyère !

BRUYERE.

Jean!... souviens-toi!...

GERVAIS.

Qu'est-ce que ça veut dire ?

TOBIAS, furieux, à Bruyère.

Toi !... Toi ! ici !...

LOUISETTE, à part.

O mon Dieu !

LAROUGEOLE, à part.

C'est-y possible !

TOBIAS, furieux.

Tu n'as pas de honte de venir nous braver tous?...

* Larougeole (au deuxième plan), Gervais, Me Thomassin, Tobias, Jean, Louisette.

** Larougeole, Gervais, Me Thomassin, Tobias, Bruyere, Jean, Louisette.

BRUYÈRE, à genoux, joignant les mains.

Pardon! monsieur Tobias, pardon !

JEAN, d'une voix suppliante, allant à son père.

Mon père !...

TOBIAS, repoussant son fils.*

Arrière ! (Prenant une chaise.) Va-t'en, misérable créature, va-t'en, ou je te brise à cette place !... (Mouvement de terreur.)

JEAN, à son père, lui arrêtant le bras.

Que faites-vous?

TOBIAS, à Gervais qui est auprès de lui.

Emmène-moi d'ici... car la colère me suffoque et je ne répondrais pas de moi !... (Il passe à droite. — Avant de sortir, à Bruyère.) Va-t'en !... que je ne te revoie plus !... (Jean sort par la droite, avec son père, qu'entraînent Gervais et Louisette. Tout le monde s'éloigne, excepté Bruyère toujours à genoux et Larougeole.)

LAROUGEOLE, s'approchant d'elle.**

C'est bien fait !!... ça t'apprendra à être si ambitieuse! J'avais déjà plus de douze écus avec de la monnaie, moi !... On t'en donnera des fils de *fermiers*... rien que ça !... Mais pour une gardeuse de chèvres, c'était donc pas assez du garçon de *ferme*?... mais non, mais non... Oh! vaniteuse! vaniteuse! vaniteuse !

BRUYÈRE, toujours dans le même accablement et sans lever la tête, d'un ton de reproche.

Toi aussi, Larougeole!...

LAROUGEOLE

Oui... oui... moi z'aussi. (Se boutonnant.) Portez-vous bien. (Il sort brusquement par la gauche.)

SCÈNE XV.

BRUYÈRE, *seule.*

Air *de Masini.*

Il faut quitter à jamais ce village...
Ils m'ont chassée !... et je leur fais horreur !
(se levant.)

* Larougeole, Gervais, Me Thomassin, Tobias, Jean, Bruyère, Louisette.

** Larougeole, Bruyère.

Pitié, mon Dieu! donnez moi du courage!…
Loin de ces lieux, où cacher ma douleur?
Moi, pauvre enfant, sans soutien, sans famille…

(*Perdant la tête.*)

Que puis-je faire?… hélas! que devenir?…
Ah! c'en est trop!… et mieux vaut en finir!…

(*Trémolo à l'orchestre. — Elle va écrire quelques lignes sur la table ; puis,
avant de s'éloigner, se retourne vers le côté par où Jean est sorti; avant
d'écrire elle a posé sa besace sur la table.*)

Jean, pense à moi! pense à la pauvre fille!…
De mon amour garde le souvenir!
Morte pour toi! pense à la pauvre fille!…
Pour elle, au moins, pour elle un souvenir!

(*Elle sort vivement par le fond à droite, et s'éloigne par le petit pont, sur
lequel tombe sa capuche.*)

SCÈNE XVI.

LAROUGEOLE, puis JEAN ; ensuite TOBIAS, GERVAIS et LOUISETTE.
PARENTS et AMIS.

LAROUGEOLE, entrant par la gauche.

Je suis pourtant fâché de m'avoir montré aussi raidillon à
son égard… (Il cherche Bruyère du regard.) Elle n'y est plus… Eh
ben! j'vas tâcher de la retrouver… v'là justement sa besace
qu'elle a laissée là… (La prenant.) J'vas la lui reporter… ce sera
un motif… (Voyant le papier qu'a écrit Bruyère.) Tiens, ce chiffon de
papier… C'est le contrat qu'ils auront oublié…. ont-ils peu de
soin!…

JEAN, entrant par la droite, à lui-même, en cherchant des yeux Bruyère.

Bruyère!… où est Bruyère?…

LAROUGEOLE.

J'en ignore… je n'ai trouvé ici que sa besace que v'là, et ce
papier, que ça doit être votre contrat.

JEAN, avec colère.

Ce contrat!… la cause de tout le malheur!… (Il prend le papier
avec rage.) Ce contrat… mais non… c'est Bruyère qui a écrit
cela!… (Il lit d'une voix tremblante.) « Adieu, Jean, sois heureux…
» Le torrent n'est pas loin… Prie pour moi!…»

LAROUGEOLE.

Le torrent!… (Jean pousse un cri terrible, tombe assis et reste pétrifié.

Larougeole, Jean.

Ah !... au secours !... au secours !... (Il sort par le fond à droite, et court sur le petit pont. — Au même instant, entrent par la droite Tobias, Gervais et Louisette. — Quelques parents et amis les suivent.)

TOBIAS, courant à son fils.*

Jean... qu'y a-t-il donc?... (Jean lui montre le papier qu'il a laissé tomber. Tobias le prend, le lit et s'écrie.) Bruyère!...

LAROUGEOLE, sur le pont, trouvant la capuche de Bruyère.

Perdue!... V'là son capulet! (Mouvement général.)

TOBIAS, regardant son fils.

Jean!... Parle-moi donc!... tu me fais peur!...

GERVAIS.

Mon garçon !...

JEAN.

Taisez-vous!... (Il se met à chanter d'une voix dolente.)

AIR *nouveau de M. J. Nargeot.*

Une histoire qu'on chante
Le soir dans le verger,
C'est l'histoire touchante
D'Antoine le berger...

Vous vous rappelez bien Antoine... son mouton tombe dans le torrent... il veut sauver la pauvre bête... son pied glisse... et jamais on n'a revu ni le corps du mouton, ni le corps du berger... Et jamais on ne reverra non plus... parce que... quand on tombe dans l'abîme... pas de secours à espérer.... Tout est fini... bien fini!... (Se levant brusquement.) Et pourtant, si je pouvais... (Il chancelle et tombe épuisé dans les bras de son père.)

TOBIAS, avec douleur.

Mon pauvre enfant!....

LAROUGEOLE, qui est revenu en scène, à part.**

Il est rudement toqué!...

* Gervais, Jean, Tobias, Louisette, Larougeole (sur le pont).
** Gervais, Jean, Tobias, Louisette, Larougeole.

ACTE II.

Un site agreste. — Un peu à droite, presque au milieu du théâtre, un gros orme centenaire, dont le feuillage couvre toute la scène. — Au fond, de droite à gauche, monticule conduisant à une montagne boisée, par laquelle on monte de gauche à droite. — Au pied de l'arbre un banc de gazon. — A gauche, au 1er plan, une entrée de la ferme, espèce de porte charretière.

SCÈNE PREMIÈRE.

JEAN, seul.

Musique à l'orchestre pendant toute cette scène. — Jean arrive. — Il sort de la ferme; il regarde de tous côtés. — Il vient s'asseoir sur le banc de gazon, qui est au pied du vieil arbre, puis il tire de sa poche une lettre qu'il relit. — Il replie avec soin la lettre, se lève, regarde autour de lui et dépose sa lettre dans un trou qui existe dans l'écorce de l'arbre. — Alors il se rassied tout pensif, puis se lève de nouveau brusquement, gravit la montagne et disparait. — Au même instant, Larougeole entre par la droite, avec une botte de foin sur la tête.

SCÈNE II.

LAROUGEOLE, seul. Il aperçoit Jean qui s'éloigne.

Ah! ah!... c'est not' jeune monsieur! Il s'en va sur la montagne, suivant son habitude... Je suis sûr qu'il vient encore de fourrer une lettre dans le trou du vieil arbre, comme si qu'il la mettait à la poste. — Je regrette beaucoup de ne point savoir lire l'écriture à la plume... ça m'amuserait considérablement. Après ça, ça ne peut z'être que des choses lunatiques et disproportionnées... (Allant poser sa botte de foin à terre, vers la gauche.) Pauvre jeune homme!... Est-il assez toqué!... Et dire que v'là déjà trois ans que ça lui dure!... — Ah! mon Dieu! oui... il y aura trois ans à la Saint-Claude que Bruyère s'a laissée aller dans le trou aux anguilles... une fille, que j'avais jeté mes dévolus sur elle... car j'ignorais foncièrement qu'elle aimasse notre jeune bourgeois... Enfin, depuis ces trois ans, je n'ai encore accordé mon cœur à aucune autre... quoique

j'aie été reluqué pas mal de fois... Qu'est-ce que je dis donc!...
bien plus de fois que ça. — Il y a surtout en ce moment-ci la
grande Cagnotte qu'a du son plein la figure... C'est une grosse
belle fille la Cagnotte... et puis, du son dans la figure, j'aime
assez ça, moi.

Air : Mon cheval galoppe encore.

> Au printemps quand l'lilas bourgeonne,
> Sa figur' prend un' p'tit' couleur.
> Ell' dur' comm' ça jusqu'à l'automne,
> Pour reprendre ensuite sa blancheur.
> Quand on doit toujours vivre ensemble,
> Un peu d' chang'ment, c'est précieux ;
> Si j' l'épouse un jour, il me semble
> Qu'au lieu d'une femme j'en aurai deux,
> Oui, final'ment j'en aurai deux.

Mais j'oublie Têtu, not' mulet, que cette botte de foin est à
son intention... (Il va pour reprendre sa botte de foin. — Tobias entre par
la droite.

SCÈNE III.

LAROUGEOLE, TOBIAS. Tobias a vieilli de dix ans.

TOBIAS.

Eh bien, Larougeole, quelles nouvelles?

LAROUGEOLE.

J'allais vous les porter not' maître...

TOBIAS.

Gervais?...

LAROUGEOLE.

Il est arrivé depuis une heure environnante...

TOBIAS.

Que t'a-t-il dit pour moi?

LAROUGEOLE.

Tu diras à Tobias, qu'il m'a-t-il dit, que je ne fais qu'une
pause cheux moi pour sanger de tout, et que je reviens dard
dard... Il a ramené not' mulet que je nous lui avions prêté, et
à qui que je m'empresse d'aller offrir c'te botte de foin, que j'y
joindrai un bon siau d'eau de son pour le régaler...

TOBIAS.

Est-on venu visiter la ferme pendant mon absence?

LAROUGEOLE.

Mon Dieu, non... n'y a que le père Simon, qui m'a fait jaser un brin... C'est-y donc ben décidé que not' maître se décide à tout vendre?

TOBIAS.

Il le faut, mon ami, car je ne possède plus rien, depuis que les inondations, la grêle, l'incendie, tous les fléaux enfin sont venus fondre sur moi et me ruiner!

LAROUGEOLE.

Ça, faut avouer que vous avez évu une fière mauvaise chance de depuis trois ans!

TOBIAS.

Ce n'est pas la perte de mes biens qui m'afflige le plus...

LAROUGEOLE.

Je le savons ben! D'autant que si m'sieu Jean avait encore sa tête à lui... il pourrait vous aider dans l'malheur... Au lieu de ça, il n'est plus bon qu'à promener sa démence...

TOBIAS.

Où est-il?

LAROUGEOLE.

Je viens de l'entr'apercevoir qu'il grimpait du côté de la montagne, oùs qu'il croit toujours revoir...

TOBIAS.

Assez!

LAROUGEOLE, à part.

Oh! Il n'aime point qu'on lui reparle de la chevrière...

TOBIAS.

Laisse-moi... va-t'en!..

LAROUGEOLE.

Oui, not' maître... (Reprenant sa botte de foin.) D'autant plus que Têtu doit s'impatienter un brin... (A lui-même.) Quand j'y aurai donné sa botte de foin, je m'offrirai une botte d'ognons. (Il entre dans la ferme.)

SCÈNE IV.

TOBIAS; puis GERVAIS et LOUISETTE.

TOBIAS, seul.

Oui... Bruyère ne quitte pas sa pensée... S'il court vers la

montagne, c'est qu'il espère y trouver Bruyère... Il passe ses
nuits à lui écrire, et vient, chaque matin, déposer sa lettre dans
le creux de ce vieil arbre. (Il fouille dans le creux de l'arbre et en tire la
lettre de Jean, qu'il lit lentement, après s'être assis sur le banc de gazon. — Musique pendant la lecture de la lettre.) « Tu ne me réponds pas... C'est
» mal... Oui, Bruyère, c'est bien mal... Tu demeures donc bien
» loin, que tu ne peux pas me donner de tes nouvelles? Moi,
» je pense à toi tout le jour; et la nuit, quand mes yeux se
» ferment, je te vois encore... Je suis bien heureux dans ces
» moments-là... Mais, le lendemain, on me dit que j'ai rêvé...
» et je t'attends toujours!.. Tâche de venir ce soir... Oh! je
» t'en prie, viens ce soir... Si tu ne peux pas, écris-moi... dis-
» moi au moins quel est le pays que tu habites... et j'irai t'y
» rejoindre.

» JEAN. »

(Avec un soupir.) Pauvre Jean!.. (Il se lève et remet la lettre dans le creux
de l'arbre.)

GERVAIS, en dehors.

Arrive donc, Louisette... (Entrant avec sa fille par la gauche et voyant
Tobias.) Tiens, justement, le voici!

TOBIAS, allant au-devant d'eux et prenant la main de Gervais.

Mes bons amis, parlez... Je meurs d'impatience...

GERVAIS.

Nous avons vu le docteur de la ville...

TOBIAS.

Eh bien?..

GERVAIS.

Sais-tu quel est le meilleur remède qu'il m'a indiqué pour
guérir Jean?

TOBIAS.

Ce moyen?

GERVAIS.

C'est tout simplement de faire ce que je projette... Demande
à Louisette de te réciter la phrase du médecin...

LOUISETTE.

V'là ce qu'il a dit : « Ce jeune homme n'a d'autre maladie
» qu'une mélancolie profonde: si vous pouvez tourner ses idées
» vers un objet autre que celui qui cause sa folie, la guérison
» est certaine. »

Gervais, Tobias, Louisette.

GERVAIS.

Hein? Comme elle vous a retenu tout ça !

TOBIAS, secouant la tête.

L'empêcher de penser à Bruyère, détourner le cours de ses idées ! Hélas ! mes amis, il n'y faut pas songer... Il y a des jours, où l'on pourrait le croire revenu à la raison; dans ces moments-là, je me dis : Cette grosse tristesse se changera peut-être un jour en un pieux souvenir... Mais un rien suffit pour lui rendre son égarement.

LOUISETTE.

Pauvre garçon !

TOBIAS.

Oh! le ciel me punit cruellement d'avoir été dur et sans pitié pour mon enfant !

GERVAIS.

Allons, t'es injuste envers toi; tu as fait alors ce qu'il était raisonnable de faire... Bah! le temps est un grand médecin, et le grain de folie de ton fils n'est pas ben effrayant, après tout... (Regardant Louisette qui est restée pensive.) N'est-ce pas, Louisette?

LOUISETTE.

Oui, père Tobias... Et si Jean ne m'aime pas comme sa femme... eh bien ! il m'aimera comme une sœur...

TOBIAS, passant à gauche.

Non!.. non, mes amis, ne parlons plus de ça!..

GERVAIS. *

Au contraire, parlons-en...

TOBIAS.

Il faut renoncer à tous ces projets.

GERVAIS.

J'y renoncerais peut-être, si tu n'étais pas quasi ruiné... Mais tu n'a plus rien, et j'y tiens à cause de ça... Mon Dieu, je sais ben que Louisette ne manque pas de prétendants...Jean Bidoux, le grand Nicolas, *et cœtera.*

LOUISETTE.

Oh! je n'ai pas grand mérite à les repousser.

AIR *de Voltaire chez Ninon.*

Je ne dois pas m'en faire honneur...
Ils sont trop bêt's pour qu'on les aime.

* Tobias, Gervais, Louisette.

Monsieur Jean a gardé son cœur.
Si son bon sens n'est plus le même,
Chez les fous, quelqu'fois la raison
Finit par rentrer dans leur têtes ;
Chez les autr's n'y a pas d' guérison,
Les imbéciles sont toujours bêtes.

GERVAIS, à Tobias.

Tu l'entends?... Et puis, si tu venais à lui manquer... qui est-ce qui pourrait veiller sur le pauvre Jean?... dis?... (Mouvement de Tobias.) Il s'en ira donc tout seul courir les champs?... logeant à la belle étoile, déchirant ses vêtements aux buissons des chemins... et, quand un étranger demandera : Quel est donc cet homme ? on lui répondra: « C'est le fou du pays ! »

TOBIAS.

Oh!...

GERVAIS.

Tu vois bien qu'il lui faut une maison, puisqu'on va vendre la tienne, et une famille, puisque après toi il n'aura plus personne pour l'aimer.

TOBIAS, lui serrant la main.

Excellent homme !

LOUISETTE, à Gervais, avec émotion.

Bon père!...

GERVAIS.

Ajoute à toutes ces bonnes raisons l'avis du médecin, qui est aussi le mien... Oui! le mariage le guérira... Il y a tant de gens à qui ça fait perdre la tête, que ça peut bien la rendre à d'autres.

LOUISETTE.

Il me vient une idée...

GERVAIS.

C'est drôle comme elle a des idées maintenant!... (A Louisette.) Si elle est bonne, dis-la tout de suite.

LOUISETTE, à Tobias.

Jean ignore encore les malheurs qui sont venus vous frapper... Jusqu'à ce jour, vous avez pris soin de tout lui cacher; eh bien! s'il vous savait si près de la pauvreté... s'il apprenait tout d'un coup quelle est votre malheureuse position... ben sûr, il ferait tout pour vous rendre plus heureux!...

GERVAIS.

Bien imaginé !

TOBIAS, allant à Louisette. [*]

Louisette a raison... Je le verrai, je lui dirai tout... aujourd'hui même... Amis, quoiqu'il arrive, ce que vous faites ne peut s'oublier. (Il embrasse Louisette et serre la main à Gervais. — Musique. — Jean paraît au fond sur la montagne ; il s'y arrête un instant et regarde au loin.)

LOUISETTE.

Ah ! mon Dieu !.. c'est lui... le voilà ! je le trouve encore changé !..

TOBIAS.

Quand il revient de la montagne, son chagrin est plus vif et sa pauvre tête plus égarée... laissons-le seul à ses idées ; je reviendrai bientôt et je lui parlerai. (Tous trois entrent dans la ferme.)

SCÈNE V.

JEAN, seul. Aussitôt que la scène est vide, il descend la montagne et vient vivement fouiller dans le creux du vieil ormeau, il en retire sa lettre qu'il regarde tristement.

Elle n'a pas encore pris ma lettre ! (Il la remet dans le creux de l'arbre.) Elle reviendra plus tard... Oh ! cette fois j'ai le pressentiment qu'elle m'écrira... Ce ruban, qui était à elle et que j'ai retrouvé sur la montagne, dans la vieille cabane, c'est un bon présage. (Il tire un vieux ruban de dessous sa veste et le considère avec émotion.) Oui... c'est un bon présage !... (Il baise le ruban avec tendresse en s'asseyant sur le banc.) « Jean, qu'elle m'avait dit un jour, oh ! que je » voudrais bien avoir un beau ruban comme ceux que portent » les autres jeunes filles du villlage !... » Et, à la fête du pays, je lui avais acheté celui-ci... Il était rose alors... à présent, il est un peu fané... mais pour moi, il est toujours rose... Pauvre fille !.. était-elle heureuse quand je le lui ai apporté avec un petit anneau d'argent pareil à celui qu'elle m'avait donné !.. elle riait... elle dansait !.. Et puis, comme elle le serrait soigneusement ! elle le pliait, elle le roulait, elle le mettait dans une petite boîte qu'elle avait... C'était sa seule richesse... C'était sa seule richesse ! Pauvre fille ! bonne fille ! pauvre fille ! (Il tombe dans la rêverie. — Tobias sort de la ferme.)

[*] Gervais, Tobias, Louisette.

SCÈNE VI.

TOBIAS, JEAN. Jean est resté plongé dans une rêverie pénible, Tobias vient
lui toucher légèrement l'épaule.

TOBIAS.

Jean...

JEAN, tressaillant.

Tiens... c'est vous, père?

TOBIAS, s'asseyant à côté de lui.

Tu te laisseras donc toujours aller au chagrin, mon enfant?

JEAN.

Du chagrin? je n'en ai point de chagrin...

TOBIAS.

La douleur te tuera...

JEAN.

Oh! la douleur ne tue point... j'ai été malade, mais ça va
mieux... ça me reprend bien quelquefois, c'est vrai... c'est
dans la tête que ça me fait mal; mais ça ne tue point.

TOBIAS.

Mon enfant... je voudrais te voir consolé... je voudrais pou-
voir t'enlever un instant à tes idées, à tes rêves, pour te parler
de moi.

JEAN.

De vous? ah! pourquoi?

TOBIAS.

Regarde-moi, Jean, est-ce que tu ne trouves pas que mes cheveux ont blanchi bien vite?

JEAN, le considérant avec émotion.

Oui... c'est vrai... oui...

TOBIAS.

Je vieillirais moins si je te voyais heureux.

JEAN.

Quand on ne désire rien on est heureux, et je ne désire
rien...

TOBIAS.

C'est que tu ne sais pas ce qui se passe, c'est que tu ne sais
pas ce qui nous arrive... Cette métairie, où j'ai pu fermer les

yeux à mon aïeul, ce domaine qui, de père en fils, est arrivé jusqu'à moi, pour t'appartenir un jour... eh bien! mon pauvre Jean, nous allons en être chassés!

JEAN.

Chassés!... nous? et pourquoi? (Riant.) Ah! je comprends, parce que nous avons chassé les autres...

TOBIAS.

Parce que nous sommes ruinés... Je ne possède plus rien... et je suis vieux...

JEAN.

Si vous êtes vieux, je suis jeune moi!... je travaillerai!

TOBIAS.

Tu es devenu trop faible pour le travail, mon enfant.

JEAN, se levant.

Pour vous mes forces reviendront... Oh! vous verrez, je vous rendrai ce que vous avez perdu, vous verrez, père vous verrez!.. j'ai de bons bras encore!...

TOBIAS, se levant aussi.

Si tu le voulais bien, tu le pourrais, et cela sans efforts.

JEAN.

Si je le voulais?... mais oui, je le voudrais! pourquoi dites vous ça?

TOBIAS.

C'est que Gervais, qui est un ami véritable, Gervais, malgré notre ruine, pense encore à toi pour sa fille...

JEAN.

A moi?

TOBIAS.

Et Louisette, bien que tu l'aies repoussée, toute riche qu'elle est, et quoique nous n'ayons plus rien...

JEAN.

Eh bien! Louisette?

TOBIAS.

Elle souhaite encore de devenir ta femme...

JEAN.

Ma femme? Eh bien! et Bruyère?... vous ne songez donc pas à Bruyère?

TOBIAS.

Bruyère n'est plus... Pendant trois ans nous l'avons tous pleurée.

JEAN.

Oui, mais elle reviendra! Ceux qui ne sont plus reviennent quelquefois visiter ceux qui les aimaient... je l'attends? je suis sûr qu'elle reviendra.

TOBIAS, avec douceur.

Jean, mon enfant, veux-tu donc que j'en sois réduit à vivre de la charité publique?

JEAN.

Vous?... Oh non!..

TOBIAS.

Veux-tu me voir tendre la main?..

JEAN.

Taisez-vous! si nous en sommes réduits là... ce n'est pas vous... c'est moi, qui irai sur la grand'route, et je dirai aux passants : Donnez, donnez pour un vieux père qui n'a plus rien... Et je courrai derrière les belles voitures... (Il passe à gauche en tendant son chapeau.) * Et je crierai aux belles dames qui seront dedans... donnez, donnez pour un vieux père qui n'a plus rien!. Autrefois, j'étais fier, je n'aurais pas pu... mais vous voir tendre la main... vous!... non, vous ne tendrez pas la main !

TOBIAS.

Bien, bien!... Ton cœur est toujours le même.

JEAN, l'embrassant.

Pauvre père!... (Avec effort.) Et tenez... puisque Gervais et Louisette ont promis de venir à votre aide et que Bruyère ne me répond pas... eh bien! dites-leur que je ferai ce qu'ils voudront, en priant Dieu qu'il les bénisse. (Gervais et Louisette sont, depuis un instant, sortis de la ferme.)

SCÈNE VII.

LES MÊMES, GERVAIS et LOUISETTE, qui ont entendu les dernières phrases de Jean.

GERVAIS.

Bravo! voilà qui est parlé!

LOUISETTE.

Monsieur Jean !

* Jean, Tobias.
** Gervais, Louisette, Jean, Tobias.

TOBIAS.

Mon cher enfant! que le ciel te bénisse, à ton tour, car tu es
un bon fils!

GERVAIS.

Oui, mon garçon, je viendrai à votre secours, et toi aidant,
tout ira bien; et pour commencer, donne ton bras à Louisette,
et rendons-nous tous de ce pas chez le notaire!.. (Il remonte et
passe près de Tobias. Louisette s'approche de Jean, qui lui offre machinalement le
bras.)

JEAN, à part. *

J'écrirai tout ça à Bruyère...

LOUISETTE, naïvement à Jean.

Vous dites?...

JEAN.

Plaît-il?...

LOUISETTE.

Je croyais que vous m'aviez parlé.

JEAN.

Non... nullement...

GERVAIS, gaiement.

Allons, en route, mes enfants!...

JEAN, à part.

J'écrirai tout ça à Bruyère...

ENSEMBLE, *excepté Jean.*

AIR *du Cabinet de lecture* (J. Nargeot).

Enfin d'un sort meilleur
Nous avons l'espérance;
Oublions la souffrance :
Chez nous reviendra le bonheur!

(*Avant de s'éloigner Jean regarde le vieil arbre; ils sortent tous par la
gauche 2ᵉ plan.*)

SCÈNE VIII.

BRUYÈRE, FARINAS. A peine les précédents sont-ils sortis, qu'ils paraissen
au fond sur la montagne, qu'ils descendent; Farinas suit Bruyère; il est mis avec
une recherche de mauvais goût. Bruyère est en robe de mousseline blanche, cha-

* Louisette, Jean, Tobias, Gervais.

peau de paille d'Italie et voile ; sa mise est tout à la fois simple, riche et élégante.

FARINAS, *descendant la montagne et ayant de la peine à suivre Bruyère.*

Doucement... doucement, chère enfant... vos chemins sont raboteux en diable!...

BRUYÈRE, *arrivée sur le monticule et regardant autour d'elle avec émotion.*

AIR *nouveau de J. Nargeot.*

Je vous ai reconnus.
Coteaux, bois et campagne...
Oui, voici la montagne,
Où je courais pieds nuds.

(Elle descend en scène, Farinas la suit.)

FARINAS, parlé.

Là!... là!... calmez cette émotion!... (s'asseyant sur le banc.) Ouf!...

BRUYÈRE.

Suite de l'air.

Et pourtant que de charmes
En ce pauvre séjour,
Où j'ai versé des larmes,
Où j'ai compris l'amour!

Dans ce sentier sauvage
Il a suivi mes pas.
Sous cet épais feuillage
Il me parlait tout bas.

Ah!... je trouve des charmes
Dans cet humble séjour,
Où j'ai versé des larmes,
Où j'ai compris l'amour!

FARINAS, *se levant et passant à gauche.*

Pardieu!... oui... c'est bien là votre affreux pays!... nous y sommes!... et j'ai reconnu, en passant, cette délicieuse cascade, au milieu de laquelle vous alliez...

BRUYÈRE.

Ah! oui... sans toi, mon vieil ami, le désespoir m'y précipitait... tu m'as sauvé la vie ce jour-là.

FARINAS.

Je vous ai empêchée de faire une sottise... voilà tout... Avouez
que j'ai été largement récompensé de ce que j'ai fait... vous
m'avez enrichi, moi, et ma famille... sans votre divin gosier,
sans votre inimitable talent, je serais encore Farinas, l'artiste
ambulant.

BRUYÈRE.

Sans toi, sans tes leçons, je serais toujours restée Bruyère, la
pauvre fille des champs.

FARINAS.

Il est vrai qu'on a chanté l'opéra avec quelque succès... mais
j'en était réduit à la vie nomade de bohémien, lorsqu'un hasard
providentiel nous réunit. Au bout de six mois de leçons, vous
étiez une merveille!... musicienne jusque dans la pointe des
cheveux... Aussi quels triomphes! quelles recettes! Et dire que
cette fortune pouvait se quadrupler, se centupler! Quitter l'A-
mérique au moment où Boston fanatisé nous offrait cent mille
écus pour la saison! où New-York nous eût donné le double
pour nous conserver!... Que d'argent et que de bravos perdus!
Fortune, gloire, vous avez tout quitté!

BRUYÈRE.

La fortune? mais j'ai celle d'une duchesse! La gloire! je sais
ce que vaut cette gloire...

FARINAS.

En est-il de préférable à ces triomphes, à ces trépignements,
à ces avalanches de fleurs et de couronnes dont on vous écra-
sait?... Dans ces moments-là, je vous ai vue pleurer cependant,
pleurer de bonheur.

BRUYÈRE, lui prenant la main.

Non, je pleurais de souvenir! C'est qu'au milieu de ces triomphes qu' tu me rappelles... dans ces salles immenses toutes
resplendissantes de lumière et d'or... Toujours, toujours il me
semblait apercevoir dans un brouillard lointain un pauvre clo-
cher de village, un troupeau de chèvres et une croix de bois.

AIR *du Matelot.*

Malgré la gloire et malgré la richesse,
Oui, j'éprouvais un tourment inconnu.
De cet amour qui charma ma jeunesse
Mon pauvre cœur s'était trop souvenu.
Oui, j'éclipsais marquises et baronnes,
Mais malgré l'or dont on payait mes chants,
Pays natal, leurs plus belles couronnes
Ne valaient pas une fleur de tes champs. (*Bis.*)

FARINAS.

Enfin, vous aviez le mal du pays... Pour en guérir, il suffit
de revenir au berceau natal comme vous dites... alors, on s'é-
crie: Comment? ce n'est que ça!... oh! comme c'est petit!... on
trouve tout le monde enlaidi, et on continue son chemin.

BRUYÈRE.

Faut-il te l'avouer? un sentiment de vanité me poussait aussi,
je voulais montrer ma fortune à ceux qui m'avaient humiliée
et chassée autrefois.

FARINAS.

Ajoutons que la curiosité donne la main à la vengeance, et
que nous ne serons pas fâchée de savoir ce qui s'est passé pendant notre absence? n'est-il pas vrai?

BRUYÈRE.

Pourquoi le cacherais-je?

FARINAS.

Rien de plus facile à deviner... Le jeune homme s'est marié...
il a des mioches... il prend du ventre et amasse des gros sous...
Tous les paysans sont les mêmes.

BRUYÈRE.

Oui, cela doit-être... eh bien, tant mieux! je n'y penserai
plus. (On entend Larougeole).

FARINAS.

Attention! on vient.

SCÈNE IX.

LES MÊMES, LAROUGEOLE.

LAROUGEOLE, *tenant un énorme morceau de pain et une botte d'oignons; il
sort de la ferme en chantant.*[*]

Connaissez-vous la peine
De la fille à Pierrot?
La pauvre Magdeleine
A cassé son sabot...

BRUYÈRE, bas à Farinas.

C'est Larougeole!

[*] Larougeole, Farinas, Bruyère.

FARINAS, de même à Bruyère.

Oui, je reconnais ce gros joufflu-là!..,

LAROUGEOLE.

C'est-y bon de l'oignon avec une miche de pain!... j'vas manger la botte tout entière, bah! elle me botte cette botte... (il rit) ah! ah! ah! (Farinas tousse.) Tiens!... queuqu'z'uns!... M'sieu, madame, j'ons ben l'honneur... Ah! bon!... j'vois c'que c'est, m'sieu vient pour la ferme qu'est en vente... une belle ferme, m'sieu!... et d'un bon rapport, que j'en suis le premier garçon, sans autre orgueil que celui que j'ai le droit d'avoir par rapport à ma position.

BRUYÈRE, qui a baissé son voile.

Et quelle est la ferme qui est en vente?

LAROUGEOLE.

Celle de m'sieu Tobias... sans vous démentir.

BRUYÈRE.

Ah! c'est lui qui vend son bien?

LAROUGEOLE.

C'est lui et les gens de justice, les hommes noirs, comme on dit... m'sieu Tobias a z'éprouvé des pertes très-désobligeantes, qui l'ont complétement rasé.

BRUYÈRE.

Ah!

LAROUGEOLE.

Et vous croyez p't-être que c'est tout? vous vous dites : V'là un homme qu'est tondu, comme un champ de luzerne à la Toussaint... c'est bon... c'est assez pour un homme veuf... il a son compte... pas vrai?... Eh ben! point du tout... v'là que son enfant, madame, son fruit, son fils unique enfin...

BRUYÈRE, vivement.

Eh bien!... son fils?...

LAROUGEOLE.

Parce qu'il est bon de vous dire qu'à la suite d'une foule de misères, vu qu'il aimait une jeune fille, qui s'est crue dans l'obligation de se détruire... il s'en est suivi finalement qu'il a perdu la jugeotte...

BRUYÈRE, avec émotion.

Achevez...

LAROUGEOLE.

Mon Dieu!... oui... voilà trois ans que ça dure... et que, de-

puis ce temps, il se livre à des manies qui me font beaucoup
rire, moi, madame, qui ai l'intelligence en partage.

BRUYÈRE, de même.

Ainsi, il est fou... il est devenu?

FARINAS, bas à Bruyère.

Calmez-vous...

LAROUGEOLE.

Toqué! absolument. Tenez, madame. (Il passe près de l'arbre qu'il
désigne. *) Vous voyez bien ce gros arbre? c'est un orme, qui aura
cent deux ans à l'été de la Saint-Jean... Ce n'est pas moi qui
l'a planté...

FARINAS.

Eh bien, ce gros arbre?

LAROUGEOLE.

Vous pouvez voir qu'il possède un gros trou sous l'écorce.

FARINAS.

Après?

LAROUGEOLE.

Eh bien, m'sieur, vous allez voir comme ces fous, quand ils
sont privés de la raison, ont parfois des idées farces... Mon jeune
maître ne s'avise-t-il pas d'écrire tous les jours à ce vieux
tronc... Oh! là, là! oh! là là!...

FARINAS.

Comment?

LAROUGEOLE.

Certainement, puisqu'il fourre des lettres dans ce trou-ci...
Il y en a d'aucuns qui disent que c'est à Bruyère qu'il écrit
comme ça... car la jeune fille qu'il aimait se nommait Bruyère...
C'est pour que vous le saviez que je vous le dis. (Avec un soupir.)
Oui, hélas! c'était son nom... hélas!...

BRUYÈRE, allant vivement vers l'arbre.

Ici, dites-vous?

LAROUGEOLE.

Madame peut y fouiller... elle y trouvera ben sûrement un
billet en forme de lettre.

BRUYÈRE cherche et retire du tronc de l'arbre la lettre de Jean.

Voyez-vous!... Lisez, madame; ça va vous amuser beaucoup...
vous allez bien rire! (Musique. — Bruyère très-émue va s'asseoir sur le
banc, et lit la lettre qu'on connait; sa physionomie exprime une douloureuse
pitié pendant cette lecture, puis elle essuie une larme.)

* Farinas, Larougeole, Bruyère.

LAROUGEOLE, continuant, à Farinas.

N'est-ce pas, m'sieu, que tout ceci est fort curieux?

FARINAS, relevant sa cravate.

Je le crois bien!

LAROUGEOLE, qui envisageait Farinas, à part, en passant à gauche.

Oh! c'est étonnant! oh! c'est étonnant! il me semble avoir déjà vu ce m'sieu-là!... où l'ai-je t'y donc vu?... (Il cherche dans sa tête.)

FARINAS, se rapprochant de Bruyère, bas.

Par grâce, ma chère, contenez-vous devant ce rustaut....

BRUYÈRE, se levant, à Larougeole, en s'efforçant de contenir son émotion.

Et vous dites qu'il écrit ainsi chaque jour? (Elle écarte son voile.)

LAROUGEOLE, qui l'a envisagée un instant.

Oui, madame, sans en manquer un petit. (Étonné, à part.) Oh! cette dame... c'est étonnant! Je n'ai vu que son nez, mais c'est étonnant!

BRUYÈRE, à part, comme frappée d'une idée.

Oui, c'est cela! (Elle tire son carnet, sur lequel elle écrit, après s'être rassise sur le banc.)

LAROUGEOLE, en cherchant à s'approcher de Bruyère.

Quoi qu'elle fait donc?

FARINAS, s'apercevant que Larougeole veut regarder Bruyère, et se plaçant devant lui.

Parlons de la ferme à présent... Nous disons donc que la ferme et les prés qui en dépendent...

LAROUGEOLE.

Si m'sieu veut visiter les prés, je lui demanderai la permission d'aller *cri* mes sabots...

FARINAS.

Eh bien, c'est ça; v'a-t'en *cri* tes sabots. (Il le pousse doucement vers la ferme.)

LAROUGEOLE.

C'est étonnant comm' m'sieu ressemble à un m'sieu que j'ai déjà vu je ne sais ni z'où ni quand... M'sieu n'est-y point déjà venu dans le pays, sans vous offenser?

FARINAS.

Sans m'offenser,... Jamais!

LAROUGEOLE.

Alors, j' vas aller cri mes sabots.

FARINAS.

C'est ça... (Larougeole rentre dans la ferme.)

BRUYÈRE, qui a déchiré la feuille de son carnet *.

Et maintenant... (Elle met son billet dans le creux de l'arbre, à Farinas.) Partons!...

FARINAS.

Quel est votre projet?

BRUYÈRE.

Viens!... viens! .. (Ils s'éloignent par la droite. Larougeole sort presque immédiatement de la ferme.)

LAROUGEOLE, d'abord à la cantonnade.

N' vous ennuyez point, me v'là, m'sieu, madame... le temps de me fourrer les pieds là-dedans... (Il est entré en tenant de gros sabots. Il regarde à droite.) Tiens!... (Il regarde à gauche.) Tiens!.... c'est donc qu'ils seront partis en avant... (Il regarde au loin par la gauche.) Par où diable sont-ils passés? Ah!... v'là m'sieu Tobias qui revient... (Il redescend à gauche.)

SCÈNE X.

LAROUGEOLE, GERVAIS, LOUISETTE, TOBIAS, JEAN. (Tous entrent par la gauche.)

ENSEMBLE.

(Jean seul ne chante pas.)

AIR *du billet de Marguerite.*

Bientôt, doux présage,
Tout s'arrangera :
Grâce au mariage,
L'bonheur reviendra.   } *Bis.*

LAROUGEOLE, à part.

Comme ils sont en gaieté!...

GERVAIS.

Enfin, le voilà donc rebâclé, ce fameux contrat! Il n'y a plus à s'en dédire.

* Farinas, Bruyère.

LAROUGEOLE, passant près de Tobias.

Vraiment? c'est possible que ça serait une affaire conclute?...
On ne vendra donc plus la ferme?

GERVAIS.

On ne vendra rien du tout.

TOBIAS.

Larougeole, va voir si on veut nous faire à déjeuner, et cherche s'il ne reste pas quelques vieilles bouteilles derrière les
fagots.

LAROUGEOLE.

Oui, not' maître; oh! j'en trouverai... quand y en aurait
pas... j'en trouverai. (Il entre dans la ferme.)

TOBIAS, à Louisette, qui est toute pensive et regarde Jean, qui ne quitte pas le
vieil arbre du regard.

Qu'as-tu donc, ma Louisette?

LOUISETTE.

Je me demande, père Tobias, si ce mariage doit bien assurer
le bonheur de tout le monde.

JEAN, à lui-même.

Je voudrais pourtant bien savoir... (Il se dirige pas à pas vers le vieil
orme, de façon à n'être vu de personne.)

TOBIAS, qui a pris les mains de Louisette.

Sois patiente et bonne, ma chère fille, comme tu l'as été jusqu'à ce jour, et tu auras bientôt trouvé le chemin de son cœur.

JEAN, qui a fourré la main dans le creux de l'arbre, en a retiré le billet de
Bruyère, il le lit et le cache immédiatement.

Elle a écrit!... Elle a écrit!...

TOUS.

Qu'y a-t-il?

JEAN.

Rien... Il n'y a rien du tout...

LAROUGEOLE, sortant de la ferme. *

Le déjeuner fume sur la table...

GERVAIS.

Bravo!

LAROUGEOLE, à part.

Tâchons de rejoindre ce monsieur et cette dame pour leur
dire qu'on ne vend plus la ferme... (Il sort par la droite.)

* Larougeole, Gervais, Louisette, Tobias, Jean.

GERVAIS. *

Eh bien! Louisette, prends donc le bras de ton fiancé!...

JEAN.

Non, merci, non, je n'ai pas faim... j'ai déjeuné... Je voudrais rester ici... si vous permettez...

TOBIAS, bas à Gervais et à Louisette.

Le pauvre garçon est encore tout ému de cette visite chez le notaire... Laissons-lui le temps de se remettre... (Il passe à la gauche de Jean.)

LOUISETTE, à Jean.

Je m'en vais donc sans vous, monsieur Jean?...

JEAN, hébété. **

Merci, Louisette...

LOUISETTE.

Mais ne vous y habituez pas au moins, monsieur.

TOBIAS, bas à Jean.

Dis-lui donc quelque chose d'aimable à cette chère enfant.

JEAN.

Oui, oui... Louisette, voyez-vous... si je ne suis pas plus aimable... il ne faut pas m'en vouloir... Certainement... je suis un peu étourdi de tout ce qui m'arrive, voyez-vous... mais au fond... après ça, je suis à vous maintenant... n'est-ce pas?... et si je peux vous donner encore des preuves de ma bonne foi... vous n'avez qu'à le dire... parlez...

LOUISETTE.

Oui, eh bien! donnez-moi ce petit anneau d'argent que vous avez au doigt...

JEAN, vivement.

Cet anneau?... Oh! non!... Après ça, si ça peut vous tranquilliser... (A part.) Et puis, elle s'en ira... (Lui donnant l'anneau.) Tenez, prenez... Qu'est-ce que je peux encore?

LOUISETTE, le prenant.

A la bonne heure, ça, c'est gentil.

GERVAIS.

Et, si tu veux l'être tout à fait, tu viendras nous rejoindre.

JEAN, vivement.

Oui, oui, mais d'abord, faut que je reste ici... il le faut!...

* Gervais, Louisette, Tobias, Jean.
² Gervais, Louisette, Jean, Tobias.

TOBIAS. *

Allons, allons, ne t'agite pas ainsi... nous te laissons. (Il passe
près de Louisette.)

ENSEMBLE. REPRISE

Bientôt, doux présage,
Tout s'arrangera ;
Grâce au mariage,
L' bonheur reviendra.

(Tobias, Gervais et Louisette entrent dans la ferme.)

SCÈNE XI.

JEAN, puis BRUYÈRE.

JEAN, seul, il relit le billet.

« Je viendrai !... » C'est écrit ! et c'est signé de son nom :
Bruyère !... « Je viendrai !... » C'est bien elle qui a écrit cela !...
Oh ! je savais bien moi qu'elle finirait par venir !... (Il baise le
billet. — L'orchestre joue l'air de Bruyère au premier acte. — Jean prête tout à
coup l'oreille.) Il m'semble que j'entends marcher... Oh ! je n'ose
plus me retourner... Oh !... Bruyère !... Bruyère !... (Bruyère entre par la droite. Elle est habillée de blanc, tête nue. **)

BRUYÈRE, *cachée par l'arbre.*

AIR : *Quand on rêve ainsi de ce qu'on ignore.*

Silence !... c'est moi !... mais que ma présence
Soit ici pour tous un profond secret...

JEAN, parlé.

Cette voix...

J'ai dû t'accorder cette récompense...
Avec tant d'amour ta voix m'implorait !

JEAN, parlé.

Oh ! mon Dieu !...

* Gervais, Louisette, Tobias, Jean.
** Jean, Bruyère.

BRUYÈRE.

Je viens effleurer cette terre sombre,
Où mon souvenir cause tes douleurs...

JEAN, parlé.

C'est elle!...

BRUYÈRE.

Pauvre Jean, pour toi je ne suis qu'une ombre
Qui descend du ciel (*bis*) pour sécher tes pleurs.

(*Jean s'est retourné peu à peu ; Bruyère descend la scène à droite ; musique à l'orchestre.*) *

JEAN.

Elle!... elle!... (Il ne peut faire un pas.) Oh ! ne t'en va pas!
Bruyère! Bruyère! (Bruyère, par un geste, l'invite au silence.) Oui, oui...
je te parlerai tout bas... mais ne me quitte pas encore...

BRUYÈRE.

Approche, Jean... approche...

JEAN, comprimant avec ses deux mains les battements de son cœur.

Oh! y m'semble que mon pauvre cœur va s'en aller de ma
poitrine!... (Il se rapproche et tombe à genoux à quelques pas de Bruyère.)

BRUYÈRE.

Que fais-tu?

JEAN, joignant les mains.

Je te regarde!... Oui, c'est bien toi!... Tu es venue me visiter
bien souvent pendant mon sommeil... mais je te voyais toujours
pâle, et tu ne souriais jamais... Aujourd'hui, tu me souris
comme autrefois.

BRUYÈRE, avec émotion.

Mon pauvre Jean!...

JEAN.

O quelle joie de te revoir!... J'avais donc raison d'espérer que
tu viendrais aujourd'hui ; c'est ton ruban qui m'a porté bonheur... Tiens, vois ce vieux ruban... je l'ai retrouvé sur la montagne... Le reconnais-tu?...

BRUYÈRE.

Le ruban que tu m'as donné à la fête du pays?

JEAN, à lui-même, avec joie.

Elle s'en souvient!

BRUYÈRE.

Nous étions comme aujourd'hui, sous ce vieil ormeau. (Elle
s'assied sur le banc.)

* Il est très-important de se procurer toute la musique de cette scène.

JEAN.

Comme aujourd'hui... oui... tout le monde était parti à la fête.

BRUYÈRE.

Tout le monde, excepté moi.

JEAN.

Parce que tu étais misérablement vêtue, chacun te repoussait...

BRUYÈRE.

Excepté toi...

JEAN, délirant peu à peu.

Oui, moi seul je t'aimais... Aussi, quand ils sont venus là tous... les parents, les amis... le notaire... tous!... (Se levant avec agitation.) Oh! je me rappelle... c'est alors que tu es arrivée... que tu m'as crié : Jean, souviens-toi... et puis... chassée!... va-t'en!... Et puis... tu es partie .. et l'on est venu me dire : Elle est morte!... et je ne t'ai plus revue!... je t'ai cherchée partout, partout!... Je t'ai appelée sur la montagne, tous les matins... pendant trois ans... Je t'ai appelée, et tu ne m'as pas répondu... Mais je savais bien que tu reviendrais un jour, quoi-que morte... et je me disais : Si elle ne vient pas tout de suite, c'est qu'elle est retenue là-haut!... (Fin de la musique.)

BRUYÈRE, qui, au mot de morte, a fait un mouvement.

Ainsi, tu n'as jamais pensé que j'avais pu échapper à la mort ?

JEAN.

Comment aurais-je pu avoir cette idée-là?... Tu étais tombée dans l'abîme... Quoi donc aurait pu te préserver de la mort ?

BRUYÈRE, lui montrant sa main.

Cet anneau de Notre-Dame-de-Délivrance.

JEAN.

Mon anneau d'argent?

BRUYÈRE.

Et celui que je t'avais donné en échange... où est-il ?

JEAN.

Le mien? (Il cherche dans sa tête.)

BRUYÈRE.

Qu'en as-tu fait?...

JEAN, cherchant toujours à se rappeler.

Ah! tout à l'heure... ici... à Louisette... oui, c'est cela...

BRUYÈRE.

A Louisette?...

JEAN.

Oh! il ne faut pas m'en vouloir ; jusqu'à ce jour, je l'avais repoussée, Louisette... Mais le vieux père est venu me dire en pleurant : Je suis ruiné... On va tout vendre... Je n'ai plus qu'à mendier... Oh! cette idée de voir le vieux père... sur le bord de la route, tendant son chapeau vers les passants... Oh! non!... je n'ai pas pu... et puis on m'a dit encore : Gervais peut nous sauver... et quoique tu sois pauvre, Louisette te préfère encore pour mari à tous les garçons les plus riches du village, parce qu'ils ne veulent pas vous abandonner dans la misère.

BRUYÈRE, avec âme.

Ils ont fait cela!... Le père Gervais est un brave cœur!... et Louisette... elle t'aime bien... Jean, il faut l'aimer aussi.

JEAN.

Et si j'ai consenti à tout, c'est que tu n'es plus de ce monde... Alors je ne pouvais plus t'épouser... on n'épouse pas les anges...

BRUYÈRE, à part.

Toujours!... toujours cette idée fixe... (Musique à l'orchestre.)

LOUISETTE, de la coulisse.

Jean? monsieur Jean!...

BRUYÈRE.

Ils viennent!... (Elle s'éloigne vivement par la droite sans que Jean la voie partir.)

JEAN.

On m'appelle. (Il va voir.) C'est Louisette!... (Il se retourne.) Bruyère!... Partie!... elle est partie!... (Il cherche partout du regard. — Tobias et Louisette sortent de la ferme.)

SCÈNE XII.

LOUISETTE, TOBIAS, JEAN.

TOBIAS, à Jean.

Eh bien!... garçon, nous t'attendons.

JEAN, avec égarement.

Oh! laissez-moi!... c'est vous qui l'avez fait fuir!

LOUISETTE.

Jean...

JEAN.

Oui, elle me punit de vous avoir donné mon anneau d'argent... il ne devait pas me quitter, c'est pour cela qu'elle a disparu.

TOBIAS.

De qui parles-tu?

JEAN.

De Bruyère!... Je l'ai vue, je lui ai parlé... là... tout à l'heure... Mais où est-elle?... Ah! sur la montagne... oui, sur la montagne!... (Il s'éloigne en courant, gravit la montagne et disparait.—Musique.)

TOBIAS, appelant.

Jean! Jean!... le malheureux!... (A Louisette.) Je vais le suivre et le ramener...

LOUISETTE.

Oui... Allez... allez!...

(Tobias sort à la suite de Jean.)

SCÈNE XIII.

LOUISETTE, puis BRUYÈRE.

LOUISETTE, seule.

Suis-je assez à plaindre! attendre un mari pendant trois grandes années, et lorsque enfin je crois le tenir... le voilà qui court après une femme qui n'existe que dans son imagination.

BRUYÈRE, qui vient d'entrer par la droite sur les derniers mots. *

Vous vous trompez, Louisette!

LOUISETTE, pétrifiée.

Qu'est-ce que je vois!... sainte patronne!... Est-ce que je deviens folle à mon tour?...

BRUYÈRE, faisant un pas vers elle.

Silence!

LOUISETTE, reculant.

Ne m'approchez point!... Ne me touchez point!

BRUYÈRE.

N'ayez pas de frayeur... regardez-moi... écoutez-moi... vous avez toute votre raison, vous; et, lorsque je vous dirai que je suis bien Bruyère, que je ne suis pas morte, vous me croirez.

_____

* Bruyère, Louisette.

LOUISETTE, tremblante.

Je ne sais pas trop...

BRUYÈRE.

Les moments sont précieux : je sais tout ce qui est arrivé ici pendant mon absence. Louisette, vous êtes une brave et digne fille... vous avez aimé Jean quand il était riche, vous l'aimez encore aujourd'hui qu'il est pauvre et souffrant... C'est d'un noble cœur! Votre conduite, celle de votre père, m'on t pénétrée d'une émotion profonde.

LOUISETTE.

En puis-je croire mes yeux et mes oreilles!

BRUYÈRE.

Moi aussi, j'ai bien aimé le fils de Tobias... je l'aime encore... (Louisette fait un mouvement.) Oh! rassurez-vous... devant votre généreuse conduite envers le pauvre insensé, je me suis demandée si je devais, moi, être sans cesse un obstacle au bonheur, à la tranquillité de vos deux familles... Écoutez-moi bien... Pour Jean, je ne suis plus de ce monde; dans sa triste folie, il m'a vue tout à l'heure, comme il me voit depuis trois ans dans ses rêves... il oubliera cette vision comme les autres... Louisette, vous devez être, vous serez sa femme et quant à sa fortune, (lui présentant un portefeuille) voici qui suffira à racheter la ferme et les biens de Tobias... prenez...

LOUISETTE, prenant le portefeuille.

Tout cela est-il possible?... (Elle passe à gauche.)

BRUYÈRE.

Ne dites pas que vous m'avez revue... Adieu, et soyez heureuse. (Elle fait quelques pas pour sortir.)

LOUISETTE, émue.

Bruyère!... Bruyère!... (Musique.)

GERVAIS, en dehors.

Louisette!...Tobias!...

BRUYÈRE.

On vient! Adieu et pas un mot. (Elle s'éloigne vivement par la droite. — La Musique continue jusqu'à l'entrée de Jean.)

SCÈNE XIV.

GERVAIS, LOUISETTE; puis TOBIAS et JEAN.

GERVAIS, sortant de la ferme.

Ah ça! il faut donc venir vous relancer jusqu'ici?... Comment,

* Louisette, Bruyère.

tu es seule? Et Tobias et son fils?... et mon gendre?... Et toi-même, qu'as-tu donc? tu as une figure à l'envers (Jean reparaît sur la montagne, qu'il descend rapidement. — Tobias le suit.)

LOUISETTE.

Vous allez tout savoir... les voici qui reviennent.

TOBIAS, à son fils. [*]

Allons, cher enfant, crois en mes paroles... c'était un rêve de ton cerveau malade... je te l'affirme.

GERVAIS.

Quoi donc?

TOBIAS.

Rien ! (Il lui fait signe de ne pas poursuivre.)

JEAN.

Ainsi, quand je l'ai vue, là, sous le vieil arbre, avec ses beaux yeux pleins de larmes, c'était un rêve !

GERVAIS, bas à Tobias.

Qui donc a-t-il vu?

TOBIAS, à Jean.

Tous les jours, à pareille heure, tu le sais bien... la fièvre te prend... et c'est alors que ta pauvre tête...

JEAN.

Pourtant elle m'a parlé avec sa douce voix d'autrefois, chacune de ses paroles me réjouissait le cœur, et c'était un mensonge de la fièvre ! Oh ! non, ne me dites plus que je ne l'ai pas revue!... Non, ce n'était pas un rêve !... (Avec force.) Non, ce n'était pas une vision?...

SCÈNE XV.

Les Mêmes, LAROUGEOLE ; puis BRUYÈRE et FARINAS.

LAROUGEOLE, accourant par la droite. — Il est pâle et défait et pivote sur lui-même. [**]

Au secours !... un verre d'eau !... Flanquez-moi un *siau* d'eau à travers la figure!...

GERVAIS.

Qu'est-ce qu'il t'arrive donc?

LAROUGEOLE.

Je vous dis que c'était elle ! Bruyère !

[*] Gervais, Tobias, Jean, Louisette.
[**] Gervais, Tobias, Larougeole, Jean, Louisette.

TOUS.

Bruyère!...

JEAN, allant à son père.

Ah! vous l'entendez...

LAROUGEOLE. *

Oui, elle ou son ombre qui revient! Elle a voulu me parler...
elle s'approchait lentement de moi... la revenante!... Mais je
n'ai fait ni une, ni deux... j'ai pris mes jambes à mon cou... et
me v'là... Donnez-moi à boire!... (Il tombe assis sur le banc.)

TOBIAS.

Ah çà, tout le monde a donc perdu la raison, ici!

LOUISETTE, allant à Tobias. **

Non, père Tobias... Jean vous a dit vrai... Jean, ce n'est pas
un rêve que vous avez fait. (Musique.)

GERVAIS.

Que dis-tu?

JEAN.

Parlez, Louisette, parlez!

LOUISETTE, à Jean.

Je dis que Bruyère est revenue... qu'elle vous aime toujours...
et que vous pouvez lui ouvrir les bras... (A Bruyère, qui vient d'entrer
par la droite avec Farinas et qui se dispose à gravir la montagne.) Non... vous
ne partirez pas!...

BRUYÈRE. ***

Laissez-moi!...

TOUS.

Elle!...

JEAN.

Bruyère!... Bruyère!... (Avec frayeur.) Oh! va-t'en!... va-t'en! ..
Ils vont encore te chasser!...

TOBIAS, tendant ses bras à Bruyère.

La chasser!... Elle!... ma fille!...

JEAN.

Sa fille!...

TOBIAS.

Oui, ma fille... car elle sera ta femme!...

* Gervais, Tobias, Jean, Larougeole, Louisette.
** Gervais, Tobias, Louisette, Jean, Larougeole.
*** Gervais, Tobias, Louisette, Bruyère, Jean, Larougeole, Farinas.

BRUYÈRE, allant se jeter dans les bras de Tobias.

Monsieur Tobias!... (Louisette redescend près de Gervais.)

JEAN. [*]

Ma femme!... (Il semble s'assurer qu'elle existe bien réellement.) C'est bien toi, n'est-ce pas?... Oh! oui... c'est bien toi!... (Passant près de Tobias.) Ah! je vous disais bien qu'elle reviendrait?

TOBIAS, à Jean. [**]

Calme-toi... tant d'émotions..

JEAN.

Oh! ne craignez rien, père... Elle est là, près de moi, pour toujours... Et Bruyère... c'est la joie!... c'est la raison!... c'est le bonheur!...

GERVAIS, à sa fille.

Eh ben... et toi, Louisette?...

LOUISETTE.

J'épouserai le grand Nicolas.

LAROUGEOLE, à lui-même.

Bah!... j'épouserai la grande Cagnotte!

---

[*] Gervais, Louisette, Tobias, Bruyère, Jean, Larougeole, Farinas.
[**] Gervais, Louisette, Tobias, Jean, Bruyère, Larougeole, Farinas.

FIN.

Paris. — Typ. Morris et Comp., rue Amelot, 64.